决战长阳
——A股实战交易必读

邓华 著

中国商业出版社

图书在版编目（CIP）数据

决战长阳：A股实战交易必读 / 邓华著. -- 北京：中国商业出版社, 2024.8
ISBN 978-7-5208-2738-6

Ⅰ. ①决… Ⅱ. ①邓… Ⅲ. ①股票投资－基本知识 Ⅳ. ①F830.91

中国国家版本馆CIP数据核字（2023）第229395号

责任编辑：朱丽丽

中国商业出版社出版发行
（www.zgsycb.com 100053 北京广安门内报国寺1号）
总编室：010-63180647 编辑室：010-63033100
发行部：010-83120835/8286
新华书店经销
北京虎彩文化传播有限公司印刷

*

889毫米×1194毫米 32开 7印张 193千字
2024年8月第1版 2024年8月第1次印刷
定价：78.00元

****

（如有印装质量问题可更换）

前言

截至 2022 年，中国股市投资者开户数已经超过两亿，A 股的单日成交金额已经突破万亿元，相对于十几年前，A 股市场已经发生了翻天覆地的变化。在交易所上，除了深交所和沪交所，2021 年还新增了北交所。在交易板块方面，从当初的沪市主板和深市主板，逐步增加了中小板、创业板、科创板以及北交所品种。在上市公司数量上，由当初的一两千家增长到 5000 家以上，并且在上市制度由审批制全面转换成注册制的背景下，股市的扩容速度仍在有条不紊地进行中。同时，股市投资者也在不断年轻化，"90 后"成为社会劳动的主体后，也在逐步成为股市的主力军。随着移动自媒体以及网络媒体的高度发达，"90 后"作为主力军，更多的是拿起手机刷各种短视频或者直播，这与传统以书本为主的"60 后"和"70 后"有显著的区别，短视频以及自媒体的宣传因为时间问题难免有时候存在片面性甚至断章取义，导致很多年轻投资者片面追求极速的上涨，而忽略了 K 线研究的意义以及风险控制等多方面能够决定投资成败的关键因素。股市投资如同说相声，入门的门槛很低，但真要长本事重点还是在入门后的研究，不同的投资者应该有不同的投资体系和不同的投资理念，但是自媒体过度宣传短期效应和热门题材，使得年轻投资者更容易追涨杀跌，在出现亏损后一味责怪股市，而不是好好总结和发现自身的问题。本书的初衷就在于将近20年股市的实战经验以及机构操盘的思路和经验汇集在一起，让普通投资者，特别是年轻投资者能够多学习多总结，从而打造适应自身的一套投资体系。

梦 想

对于一个孩子来说，也许影响自己一生的选择只是来自一个简单的事物或者兴趣。对于90年代的青少年来说，电视是最常见的娱乐方式。在那个时代，大部分的孩子在一个院子里长大，家庭条件几乎一样，如果能够去谁家打上一个电视游戏或者去游戏厅扔上几个铜板，就是一件很惬意的事情。当时也是香港电影和香港电视剧的黄金岁月，对于我来说，影响一生选择的电视剧名叫《大时代》。这部由刘青云、周慧敏、郑少秋等主演的电视剧，可以说是当时最火的关于股市的电视剧，其中除了主角的爱情故事，关于股市的明争暗斗，做多和做空的对峙以及那种紧张和刺激的气氛深深地吸引住了我，正是从这部电视剧开始，我梦想着以后也要从事证券投资这份事业，也想像电视剧里一样穿着红马甲在股市里搏杀。

以我个人的经历来说，对于职业选择，兴趣非常重要。如果没有兴趣，并且是持之以恒终其一生的兴趣，就不会从内心深处认可自己的成就，也不会有持续学习以提高自己技能的动力。兴趣，是我一生择业和坚持的最大动力。我对自己孩子的要求便是：择业一定是自己最喜欢、最有兴趣的，并且愿意一生为之努力的行业。而金钱的多少，从来是在于自己的心境想要多少，如果满足感只是来自金钱的增加，那么会错失美好的爱情、亲情以及生活。

迷 茫

我通过大学四年的金融学习，打下了财务、税收、金融理论以及证券投资知识的基础，为以后取得各种从业类的证书提供了便利；但从理论到实践，我还有很长的路要走。大学毕业后，我开始走向社会并且寻找自己的投资之路。对于学习金融并且想在证券行业作出贡献的大学毕业生来说，通常出路就是证券公司和公募基金，但对于初出大学校门，社会经验和工作能力还不够的我来说，这两个方向当时都没有适合我且我很想做的岗位。

在各种机缘巧合之下，我进入了证券投资咨询行业，当时电视以及移动手机开始逐步普及，股市中普通投资者人数大幅增长，需要专业指导的需求大幅增长，投资咨询公司让一些具备资格的分析师在电视媒体讲解方法或分析股市，对普通投资者进行投资咨询服务。带着满腔的热情我开始了自己的职业生涯，每天都愿意做到深更半夜，辅助各位老师做各种基础工作，就是想从他们身上学到各种实战的方法。后来辗转其他投资顾问公司也同样抱着寻找和学习的态度。

我在证券投顾公司工作了九年，合作和接触了很多拥有不同投资方法的老师，但我慢慢地发现证券投顾公司的逐利性和局限性都很强，并不是我所追求的方向。2012年后我逐步淡出证券投顾公司，以帮助公司梳理股权结构，以一级和一级半市场为主，开始了接近两年到全国各地考察项目的日子。那两年的经历对于提高我对上市公司的理解以及增长见识起到了很大的作用。

良 师

我从读书时期开始，就一直偏向文科，尤其是语文和历史，至今来说，我认为所学学科中最有用的还是语文和历史。语文是中文的基础，是写作和演讲的根基，也是思考整个事情来龙去脉和分析的来源。而历史不但可以增加自己的谈资，并且以史为鉴可以知兴衰，可以对自己的人生观产生影响，增加自己的谈资，很容易与他人产生共鸣。2013年的某次项目路演会上，有幸结识了一位高人，看上去普普通通，公开场所也并不说话，但在交流中由于我们的一些观点不谋而合，越谈越投机。当时项目会持续了两天，在这两天中对于项目的质地我都不再特别关心，与他越聊越投机。在聊了我之前的工作以及想追寻的理想后，他约我一定要去他家好好再聚一次。

项目会结束后不久，我到他家，他给我看几年来的股票操作记录，全部是正收益，其中有不乏翻上几倍的个股，而在那几年，中国股市走出的是一波长熊震荡。这时我才知道，他和中国有名的私募基金经理共同操盘，并且开始逐步隐退，从不显山露水。经过几天的接触，他主动表示愿意收我为徒。他极其看重中国传统文化，要求举行中国传统的拜师仪式，还要在他家待两年，静心学习，逐日磨炼。而这正是我这么多年所追求的，也是我人生的一次重大转折，我毫不犹豫地答应了。

于是，后面的日子几乎都是在师父家度过，每天看盘、复盘、写总结，几乎对每个行业都进行深度的了解，学会根据复盘等寻找资金的痕迹，学会操作的要诀。2014年，师父给我500万元进行实盘操作，但是由于心态不稳定，急于求成，不能按照分析操作，想逆势而为尽快证明自己，结果遭到市场的惩罚，500万元当年就亏损了六成，心理压力巨大。但师父早已胸有成竹，他要求我克服心魔，知行合一，静下心来，看淡成败，看轻得失。2015 年，师父又给我 500 万元进行实盘操作，只要求按照所学，做到知行合一。当年行情复苏，中国股市进入一波牛市，但我不加任何杠杆，不急于求成，2015 年 500 万元最终变成了 2300 多万元，且在行情巅峰附近按照所学全部清仓，躲过当年去杠杆的暴跌，得到师父肯定和允许，我出师了。

修 炼

2016 年，我与朋友在海南开始合作运作职业生涯的第一只私募基金，在 2015 年行情经历一轮暴跌后，市场的信心恢复得很缓慢，并没有很好的行情。同年，私募整体收益都较低，很多基金市值出现不同程度的回撤，但我们的私募基金净值稳步前行，在当年以超过三成的收益做到了全国前 50。就在我们意气风发准备继续发行新基金的时候，合作的法人利用职务之便将公司资金全部挪用，以填补自己的债务，尽管其最后也为自己的行为付出了代价，但基金已经无法维持运作，只能让基金购买者进行赎回，建立的口碑和客户群体烟消云散。2018 年，我与北京的朋友再度发行新的基金，在其后三年中，发行的两只基金收益均在五成以上，其中的一只基金分红接近 30 次仍保持正的收益。2020 年，将基金全部清仓转为更稳健的可交债可转债为投资品种后，我淡出了私募行业。

从事私募的这几年，逻辑和方法上的应用在每天坚持执行的基础上更加如鱼得水，但修炼的是心境。经历了大起，经历了大落，经历了背叛，经历了欺骗，我明白了师父那种淡然处世的态度，我从原来年轻气盛变得为人随和，从追求成功变得随遇而安。诚然，几年的经历让我物质上取得了自由，只要是自己不过分挥霍，只要是自己满足，心灵就会自然地平静。

还 愿

暂时告别私募，人不能闲得太久，我经常思考一个问题，当初我入行之时，是多么渴望有人能够给我指点迷津，传授真本事于我，但苦寻而不得之，如果不是遇见师父，我又会是怎样呢？时间如白驹过隙，世事如白云苍狗，20年都不过是弹指一挥间，还有多少少年郎又重复着当年我的故事，又有多少投资者还在股海中盲目航行，我能做的不多，但是不是可以把我所学总结出来给大家作一些参考呢？纵然，股市里没有百分百的胜率，只有胜率高的方法，股市里没有神仙，只有不断地坚持和努力。夜深人静的时候，当我思考我的过往，念及师父的恩情，便有了写下此书的打算。我尽量以最简单的文字来说明，学并不是一件难事，难的是坚持，难的是知行合一，难的是心境的磨炼。股票本就是人在做，因此股票就像人一样，各种各样，体现的也是人性，我们要做的也不过是"弱水三千只取一瓢饮"。

本书总结了作者从事职业操盘手的操盘经验，按照自上而下、逻辑优先、方法在后的思路，采取科学高效的复盘方式，以复利增长为核心的价值投资理念，归纳了作者常用的多种战法组合和形态分析，能够有效地提高学习者的实战水平，是一本股市实战指导类书籍。

目 录

第一章　重要K线 1
　　K线种类及区别 2
　　长阳线的作用 9
　　双K组合 24
　　三K组合 41

第二章　股价形态 53
　　双底形态 54
　　头肩底形态 60
　　上升三角形形态 62
　　底部三角形形态 65
　　收敛三角形形态 68
　　上升楔形和上升旗形 71
　　双顶 75
　　头肩顶形态 79
　　三角形下破 84
　　楔形与旗形下破 87

第三章　复利增长 90
　　复利增长的重要性 91
　　不求买在最低点 99
　　克服买股不回头 102
　　高效复盘方法 107

科学买卖方法...114
第四章　决战长阳实战模型...............121
　　底分型、顶分型形态.................................122
　　王者荣耀模型...127
　　落英缤纷模型...132
　　双剑合璧模型...135
　　萍踪侠影模型...138
　　双龙取水模型...142
　　画龙点睛模型...145
　　跨凤乘龙模型...149
　　直捣黄龙模型...152
　　鱼跃龙门模型...154
　　神龙摆尾模型...156
第五章　技术指标应用...................158
　　均线系统的应用...159
　　MACD 与 KDJ 指标用法...........................173
　　BOLL 线和 RSI 的应用.............................181
第六章　主题投资.........................190
　　高送转主题...191
　　政策主题...195
　　老树新花政策...198
　　并购重组题材...201
　　基金投资...204

第一章 重要K线

K 线种类及区别

在这里不讨论阴线和阳线的区别,而是把所有的 K 线分成三类,分别是星线、十字星及长阳线(见图 1-1)。

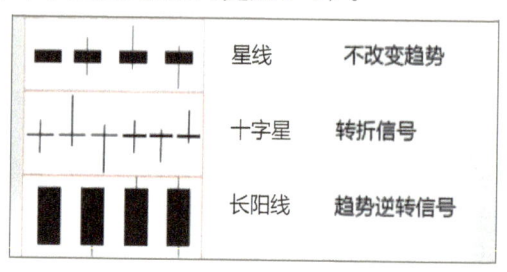

图 1-1 K 线分类

星线是一些小 K 线的组合,基本是 2%~3% K 线的组合。这些 K 线不改变原有走势,大部分只是延续上涨和下跌,不具备转折作用,也不具备逆转作用。这种 K 线出现的频率最多,个股走势中大部分是星线(图 1-2),即便是最厉害的人也不可能每天去跟踪这些 K 线,因此,在一些 K 线学说中还会把相邻的多个星线变成一根 K 线或者一根线段。

图 1-2 星线(一)

例如，缠论中就是把所有短期的星线变成线段（图1-3）。这里描述的星线不是单K的星线，其原因是股市中连续星线组合只是趋势的延续而不改变趋势。缠论中也把不改变趋势的星线演变成线段，从本质上来说缠论是在大部分星线形成的中枢结构中找到突破点。

图1-3 星线（二）

缠论实际分为两大类，本质是形态学和动力学。对于中枢的分析实际上是对于形态上下突破的分析，而在形态中大量的星线实际上不对中枢的形态走势产生根本的改变，因此可以把连续的星线用线段替代。实际上，需要跟踪的是上下突破时重要的转折K线，这就是缠论中另一个重要分支，而且是被市场忽略的分支——缠论中的动力学。

当然也有极端情况，某些主力并不想引起市场的关注，希望逐步吸筹甚至默默拉升，就采取连续的星线方式拉升（图1-4）。这种主力一般是极富耐心，这种方式最大的问题不是吸筹和拉伸，而是在最后如何全身而退。因为没有被市场发现的个股，最后的跟随力量同样比较弱，而股价上涨后散户跟随买进的欲望会降低，这会在最后出货阶段给主力造成大的困扰，这时往往借用上市公司的利好寻找出货机会。

图 1-4 星线（三）

星线通常有 2%~3% 的涨跌幅，甚至还会大一些。十字星通常涨幅不超过 2%，同时十字星带有明显的长上影线或长下影线，同时正是因为十字星有明显的长上影线或者长下影线，因此十字星是转折的信号之一，它出现的位置比较关键，在不同的阶段有不同的意义。

十字星出现在底部时，通常是企稳转折的信号，尤其在底部连续出现意义更大，如图 1-5 所示。

图 1-5 十字星出现在底部

十字星在顶部出现时，通常是由强转弱的信号，如图 1-6 所示。

图 1-6　十字星出现在顶部

底部和顶部通常是在形态后期走出之后才判断出来。在股价运行的过程中，尤其是股价上行的过程中经常出现十字星，这个时候很不好判断。很多投资者照本宣科，看到出现十字星就认为是转折，这种情况极有可能被主力利用，造成不同的结局。下面举一个案例。

如图 1-7 所示，在股价运行期间，刚有稳步上涨突然出现连续的冲高回落，并且收出一个长上影的十字星，量能还不小，从一般的理解来看，这是主力出货行为，意味着股价可能出现回落。第二天真的出现下跌，这时卖出的投资者庆幸躲过下跌，

图 1-7　十字星案例（一）

却忽略了缩量的问题，只是看到了下跌而没有想到主力资金这时已经开始拒绝卖出筹码，如图 1-8 所示。

图 1-8　十字星案例（二）

第三天出现小幅反弹，由于价格上涨可能还低于前日卖出价，散户心理上很难接受昨天低点时没有买入而在更高价格时购买，所以以观望为主，很难二度买入，如图 1-9 所示。

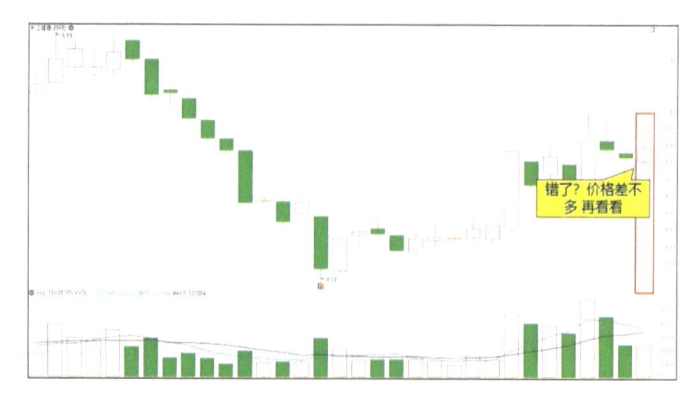

图 1-9　十字星案例（三）

第四天出现小阳线走势，并且已经略微超过卖出时的价格，由于前几天的观望心理导致追高跟随的欲望大幅度降低，大部分投资者以已经获利而不追高心理拒绝在比卖出价格更高的价格再度介入，因此抱着"反正我也没亏钱"的心态继续观望，如图 1-10 所示。

图 1-10 十字星案例（四）

第五天股价秒板，没有给任何买入机会，全天封板，主力利用散户的普通技术分析技术成功反利用，并且不会再给散户任何机会参与，如图 1-11、图 1-12 所示。

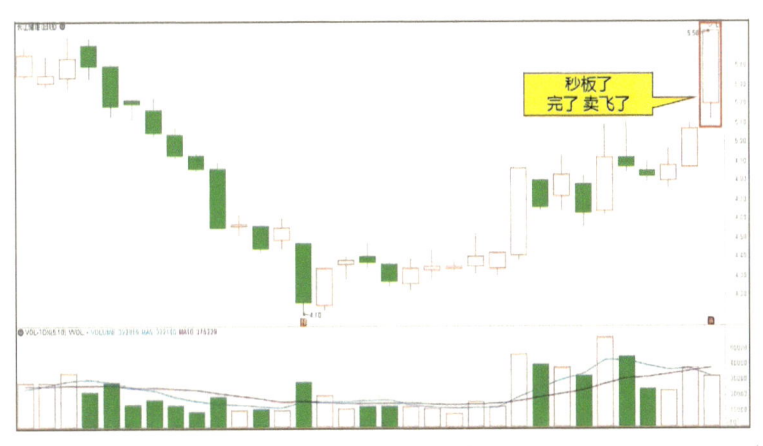

图 1-11 十字星案例（五）

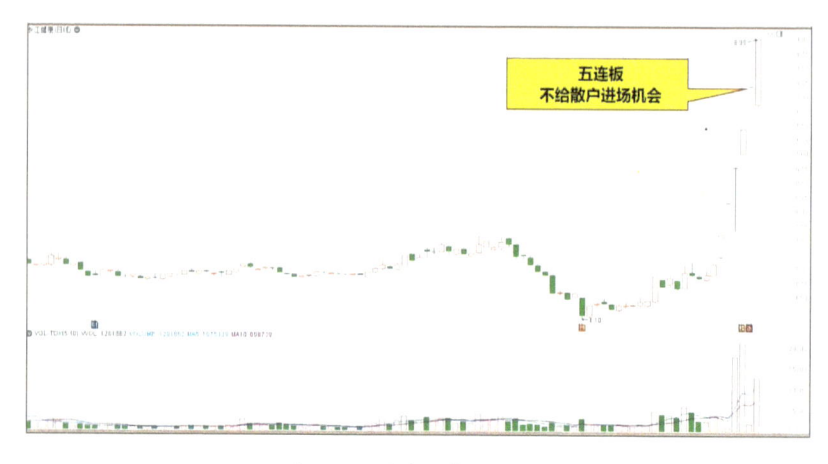

图 1-12　十字星案例（六）

可见，只是拘泥于形式，采取刻舟求剑的方式去研判个股是行不通的，这也是很多投资者虽然看过各种书籍，在实际运用中不但没有发挥作用，反而处处受制于人的原因。应清醒地认识到，股市是主力资金和投资者在同一个市场操作同一个标的，投资者掌握的方法，主力资金更是游刃有余，对于散户的心理更是烂熟于心。市场上演的是精彩的直面对抗，是你死我活的角斗。因此，绝对不能忽略实战而只是简单地想着用书面知识来机械地对照，必须根据不同的情况，参考不同的指标，研究不同的形态，找寻资金不同的操作方式等来综合判断。下面分析 K 线组合在什么地方运用更合适和有效。

长阳线的作用

在宇宙中万事万物皆有能量,且遵守能量守恒定律,股价也如此。股价的表现必定是上涨与下跌,股价的形态波浪起伏,长期对称,在波浪起伏中强转弱和弱转强的标志就是长阳(阴)线。

长阳(阴)线具备明显的转折作用,基本是趋势由弱转强和由强转弱的关键K线。本书的名字为《决战长阳——A股实战交易必读》,正是K线的意义所在。而涨停的长阳线更是长阳线中的佼佼者,无论主力的目的是拉升还是突破,或形态的改变,涨停,都是值得重点关注的。大多数的个股形态和形式转变都和长阳(阴)线有很大的关系。

如图1-13所示,在2005年指数下破1000点后,2007年上涨到6124的那一波大牛市之前,底部屡次出现长阳线,经历了反复的洗盘和震荡,构建了一个完美的W底,最终股市由1000点朝着6000点逐步攀升。实际上,在反复筑底的过程中有不断的长阳线作为信号在提示机会的到来,暗示行情由弱转强。

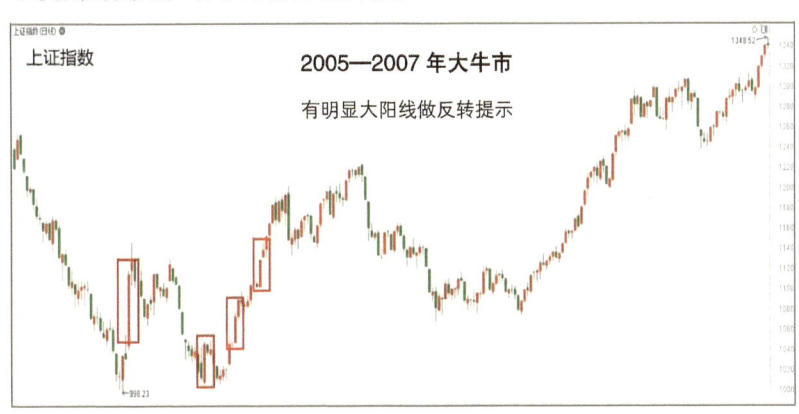

图1-13 十字星案例讲解

如图 1-14 所示，2015 年的一次牛市指数从 2000 点上涨到 5000 点，在底部也出现多次长阳线的反转，同样构建了一个 W 底，可见历史虽然不会简单地重复，但是会惊人地相似。图 1-14 中的位置 1 和位置 2 都有明显的长阳线暗示行情由弱转强，摆脱前面单边下跌的走势。位置 3 再次出现长阳线并且突破前面做出的 W 底部形态的压力，形成了一个突破走势，而位置 4 在市场上短暂回落后迅速拉出长线阳，并开始加速上行，出现的是一个加速的信号。

图 1-14　长阳线的作用解析

根据位置不同，可以将长阳线分为筑底长阳、突破长阳、加速长阳和筑顶长阳四种类型，如图 1-15 所示。

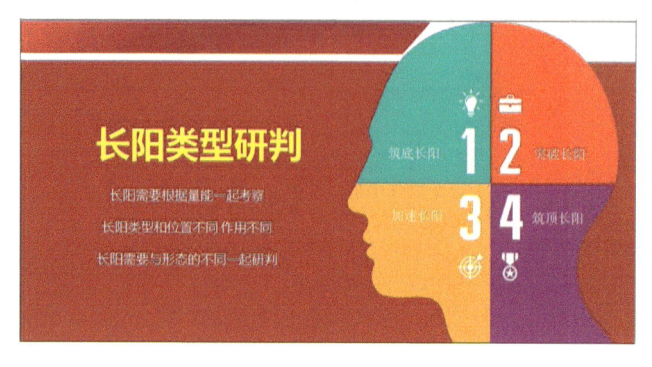

图 1-15　长阳线的类型研判

筑底长阳经常出现在股价的底部，都是连续下跌后，市场逐步企稳，突然拉出长阳线，并且经常出现双重底甚至三重底。根本原因在于反转很难实现 V 形反转，而是反复的筑底过程，主力资金需要时间来进行逐步的建仓动作。如果底部是急速反转，不带回调确认和反复确认，那么这种反转会是"来也匆匆去也匆匆"，高度是很有限的，缺乏想象力。

突破长阳是突破底部形态的一个重要信号，通常发生在突破重要的压力位或者右肩阶段。对于投资者来说，由于前期超跌严重，很多被套甚至割肉离场观望，形成了较大的心理压力，对回调被套等产生一定的恐惧，因此在磨底的过程中很容易被主力洗盘出局。但是，在突破形态压力的位置如果是长阳线突破，就比较好把握，因此这个时候是跟随的黄金机会。

加速长阳一般发生在股价上涨的过程中，并且股价已经有一定的涨幅。这个时候出现的长阳线，一般有两种情况：一种是股价开始加速，迅速摆脱逐步上涨区间，利用散户的恐高心理快速上涨，避免更多跟风盘介入，往往开始进行涨幅较大的主升浪；另一种是在上涨的过程中出现技术性回调且表面来看似乎跌幅较大，这时候出现一根长阳线，迅速收回失地，对行情的回落快速形成反转趋势，拉动股价回到继续上涨的节奏中。图 1-14 中的位置出现的长阳线就是典型的加速长阳。

筑顶长阳是在股价的顶部出现长阳线，然后逐步回落，使得长阳线成为股价的高点位置。这种情况比较少见，如果股价运行结构健康，那么股价将处于波浪的连续上涨中，且已经有一定的涨幅，跟风盘较多。如果长阳线后立刻转势，主力也很难将筹码卖完，抛盘加大，还得进行股价的护盘操作，否则利润损失过多。

如图 1-16 所示的标注位置，涨停长阳线之后连续下跌见顶的走势就很少见，这个案例见顶的位置并不是最高位置，而是前一次高点的反弹肩部位置。在这里的确具有很强的迷惑性，容易让投资者套在高位，所以高位涨停究竟是继续突破还是见顶需要根据行情、热点的运行周

期和市场的人气变化，以及形态的结构来综合判定。

图 1-16　较少的见顶长阳案例

下面根据不同的位置情况来解读一些关键长阳线。如上所述，在底部出现反转的长阳线后，通常还会反复回调，达到清洗散户和主力逐步吸筹的目的。这段时间是不固定的，需要看主力资金的吸筹程度，因此散户在底部的反复过程中很难坚定持有，容易被回落洗盘清理出局。但是，突破的长阳线具有关键意义，其关键标志长阳线出现的位置必须是一个特别的地方，比如对前期头部的突破（最好前期头部是放量的形态，或者是一个平台、某个形态的颈线位、一个重大阻力区），或出现长上影 K 线或长阴线后随即出现收复性长阳线，把前面的长上影线或者长阴线的阻力立刻化解，这是几种需要重点关注的长阳线。

1. 我们先看第一种情况

由图 1-17 可以看到出现两次长阳线的反转走势，第一次上涨过程中出现一根中阴线，第二天随即出现一根长阴线，现实主力的强势态度，不愿意在此结束上涨，在长阳线过后连续出现带量的十字星盘整，很多投资者会在这里考虑止盈，认为可能会产生回调，但随即再次拉出长阳线直接吞没十字星后创出新高，这都说明主力的强势态度要做该股的信号。可以看到尽管之后也出现股价的小幅盘整回落，但其后拉出一波主升浪，而在标出的两个地方都出现明显的长阳线反转信号。

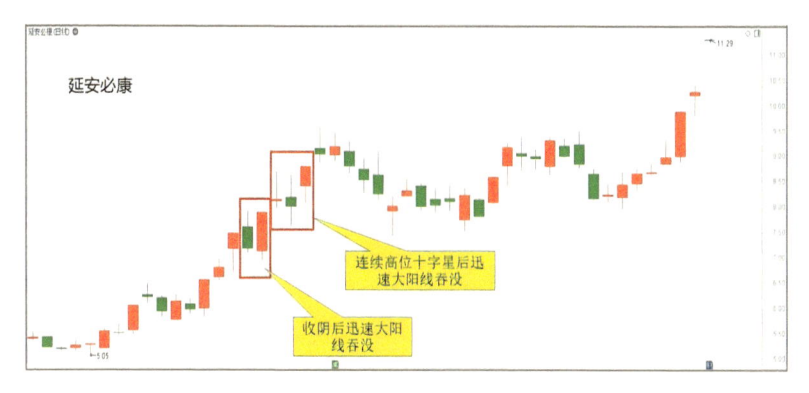

图 1-17　长阳线的突破走势（一）

如图 1-18 所示的案例也具有典型性。在股价运行逐步攀升的过程中突然出现一根长阴线，颇像股价进行转势，将要转为调整，但第二天随即拉出一根长阳线，全部吞没了前面的长阴线，这说明这根长阴线便是主力刻意为之，而反转吞没标明主力的强势态度，宣告还会继续进攻的信号，也可以看到随后股价开始新一轮的上涨周期，上涨达到 50%。

图 1-18　长阳线的突破走势（二）

2. 我们再看突破长阳线的重要性

从图1-19中可以看到，在位置1和位置2都出现过长阳线，并不是说后面不会上涨，而是在位置1到位置2甚至位置2之后的一段时间，股价仍持续震荡，中间花费很长时间，形成了明显的箱体。投资者在这个时间内一般很容易被清洗，而持有时间较长又会让大部分投资者失去耐心，很难在纷扰的各种热点此起彼伏的时候坚定持有，这是大多数投资者操作的通病。而位置1后对个股已经留意的投资者，又会在随后很长时间股价并没有特别表现而遗忘或放弃了跟踪。这其实是可以理解的，主力也正是利用大部分投资者追求短期收益以及持股耐心有限的心理，在位置1到位置2的时间段里反复做波段，却不经常使用长阳线，成功地在较长时间内收集到大量筹码。在图1-19方框标注的位置是经典的突破长阳线，这根长阳线突破了前期很长时间形成的箱体上沿，开始向上打开空间。换一个思维的角度，在这个位置为什么主力要拉高股价一举突破前期整理的高点，难道是为了解放前面的套牢盘来做"活雷锋"吗？显然不是。在方框位置出现突破长阳线的时候，如果还不积极跟进，之后随着股价的上涨就更加犹豫，会错过美锦能源后面的翻番行情。

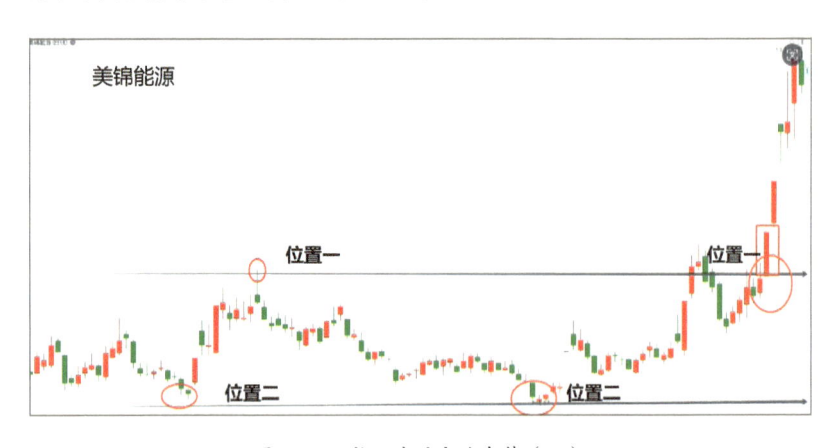

图1-19　长阳线的突破走势（三）

再看一个案例，如图 1-20 所示，在第一个方框之前股价一直处于星线盘整阶段。这个时候几乎没人关注市场，主力段采取横盘吸筹，并不着急，没人关注市场，也不会有人来参与打扰，真碰上意外一些资金跟随进场，那么把股价继续横盘或者砸一砸，很容易清洗出去，剩下的时间继续保持横盘整理。这样花费的时间虽然比美锦能源案例花费的时间长，但可以做到非常隐秘。在第一个方框三根红 K 出现的时候，把它们联合起来看作一根长阳线，主力已经开始在试盘，看看有多少压力或者一些临时进场的小资金通过再整理让它们出局。在第二个方框出现长阳线的时候，这根长阳线突破前期所有筹码的高点，也就是股价解放了所有的筹码高度，这是一根典型的突破长阳线。这时候就需要敢于进场，敢于持有，与主力共舞。之后无论怎么调整，这根长阳线起涨点从没有跌破过，因此可以从容持股。其后这只个股在 10 个交易日内股价从 12 元极速上涨到 32 元以上。最佳卖点并不是在之前筹码的收集区域内，因为投资者不可能有比主力更清晰的运行思路，也就没有耐心跟随一直持股或反复操作，投资者只需要跟随突破长阳线，就可以享受跟随主力"坐轿子"的快感。

图 1-20 长阳突破的案例讲解

关于长阳线看盘的技巧。在股市中指数有时会出现较大的跌幅甚至连续下跌，在这个阶段市场的人气和信心都跌到了"冰点"，但市场上还有些个股能够逆市涨停。这时候需要思考为什么在指数最疲软的时候，市场信心最脆弱的时候，这些个股还能涨停。究竟是利好刺激，还是主力不愿意下跌，或在昭告市场，还将继续冲击的决心。但总而言之，这个时候敢于逆势而为甚至涨停出现长阳线的个股，必定是值得短期追踪的。

如图1-21所示，在2021年7月指数出现持续的大跌，连续长阴线让市场一片哀号，市场的投资信心跌入了"冰点"，仅仅四个交易日沪指最高下跌了200点，可以说是2021年至暗的时刻。在沪指稍微反弹修复一段时间后，在8月17日又一次出现大跌。但是，在这几天还有勇于涨停的品种，通过下面介绍可以看到它们之后的走势。

图1-21　历史出现的长阴线走势

如图1-22所示，在指数大跌的几天，意华股份却连续涨停，与沪指的颓废截然不同，可以看到在之后的交易日中，就短线来看股价继续冲高，而在小幅回落之后股价又开始从30元左右上涨到近60元，又是一波几乎翻倍的走势。

图 1-22 指数大跌个股涨停案例（一）

图 1-23 所示的案例同样如此，在 2021 年 7 月 21 日指数大跌的时候，该股却逆势涨停，无论之后指数如何涨跌，该股都是上行的走势，股价在短期内从涨停后的 26 元左右在 11 个交易日上涨到最高 45 元。

图 1-23 指数大跌个股涨停案例（二）

2021 年 8 月 17 日指数大跌，锌业股份也逆势涨停如图 1-24 所示，经过后面两天的调整，股价快速上行，从不到 4 元在 6 个交易日涨到接近 6 元，上涨了四成以上。

图1-24　指数大跌个股涨停案例（三）

这说明指数出现暴跌的时候，对于大部分人来说只是感受到了市场的残酷，也可能只关心自己的持仓损失了多少或者应不应该补仓或者出局。这个时候投资者节奏和心态最乱，只有少部分人在市场最低迷时抓住潜在的机会。当然，并不是说只要是大跌时候的涨停一定后面会上涨，不能拘泥成法，仍要综合分析个股为什么上涨，炒作的是什么题材，目前处于股价的什么阶段。可以确定的是，逆势上涨的个股必定具备跟踪的必要性。

长阴线和长阳线是两种相反的K线形态，长阴线是趋势由强转弱的标志，在一些形态的结束，指数和个股的见顶中，它几乎都起着决定性的标杆作用，如图1-25所示。

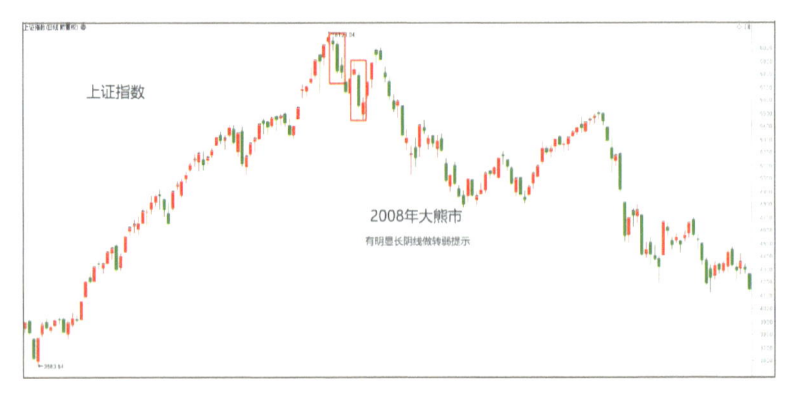

图1-25　长阴线的转势作用（一）

很多"专业人士"都热衷于强调自己在指数高点上成功出局,对于真正的职业操盘手而言真正的顶部是无法预测的。例如,2007年指数从破千点经过两三年时间上涨到6000以上。这一路有多少怀疑,都在上涨中烟消云散。因此,市场的期待值不断提高,在2007年市场看到万点以上不在少数,在2015年看涨冲破6124高点的也比比皆是,预期如此之高怎么可能轻易猜到能涨到什么时候,盲目地猜测最高点是没有任何意义的。专业的机构操盘手看中的就是信号,职业选手并不会追求出在最高点,反而大多是出在肩部,并且是在分析和验证明显的信号后才会得出这个结论。

图1-26是2008年大熊市的沪指图。由图可以看到,在位置1和位置2都出现了明显的长阴线,这时并不会匆忙做出指数见顶的结论,因为上涨具有一定的惯性,并且在一路上涨过程中也并不是没有出现过回落,在上涨到5000点左右也曾出现一波回落,但很快修复并创出新高继续打开向上空间,这时还是以观察为主,看指数能否进行修复。但是,在位置3再次出现长阴线的时候意义就完全不同了。首先在较短的时间内连续出现长阴线,短期下跌百点有余,其次整个形态发生了改变,由单边上涨的形态转势为回调的形态,这时可以确定行情在连续出现长阴线后开始由强转弱,但并不意味着需要立刻出局,因为一轮较大的上涨后必定有很多的跟随力量。从整个市场情绪来看,并不是在讨论行情是否见顶,而是在讨论什么位置进行抄底,舆论还是在讨论调整后继续创下新高,因此必定还有一次较大级别的反弹来形成肩部。可以看到在指数跌破5000后开始连续反弹,这个阶段的明显特征是几乎没有长阳线,而是连续的星线组合。这种组合的进攻能力是不强的,形成肩部并且破位是迟早的事情,关键是等待市场再次给出信号。在位置4再次出现长阴线,并且形成了明显的破位,肩部形成。这个位置可以毫不犹豫地清仓出局。我正是在这个位置清仓离场,当然并没有出在最高点,但是5200点的高度可以接受,而且大趋势头肩顶一旦形成,并不会在短期形成趋势的反转,所以出局后很长一段时间只需要每天看看

有没有反转信号，如果没有就持续等待，就这样整整空仓一年，而沪指也从5000点一路跌破2000点，从哪里来回哪里去，完成了一次完美的周期对称。

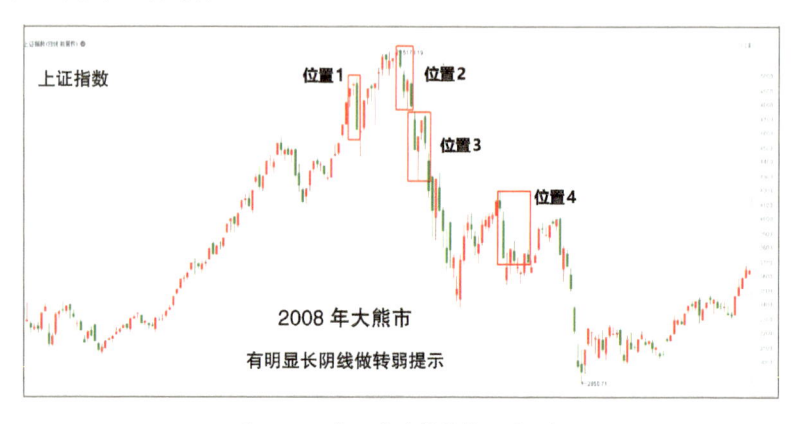

图1-26　长阴线的转势作用（二）

如图1-27所示，2015年行情上涨到5000点以上，在位置1出现一根长阴线，但区别在于位置1出现长阴线后很短时间内反弹修复并吞没了这根长阴线，所以这不是一个转折信号，而是一个警惕信号。但是，在位置2四个交易日出现三根长阴线，更关键的是短期不但没有修复，反而出现继续下跌的走势，这个时候我们要明白，市场不可能在短时间修复，意味着行情至少短期结束上涨。位置3也出现过阳线，但是反弹都无力，对位置2的长阴线不但没有形成修复，反而越来越弱，因此在位置3的反弹一定清仓离场。为什么与2008年相比没有形成明显的肩部，或者说肩部的时间如此短暂，这就必须结合当时的行情背景来看。在2015年这轮攻击5000点的行情中，大量融资资金进入市场，场外配资达到巅峰，不但券商融资资金大增，场外一配五甚至一配十的资金汹涌而至，等于市场的成交有很多的水分，杠杆比例的放大使得风险也同比放大，管理层在这个时候三番五次向市场透露信号，并且开始控制和打击场外配资抑制市场泡沫。资金加了杠杆后，股价跌破了配资的风控，就可能导致强行平仓，引起资金的"踩踏",进而造成个股连续下跌,给市场带来很大的潜在风险。为了保护投资者利益,从市场舆论到监管政策都已经非常清楚,也就必定有一些资金先知先觉,赶紧撤退。这样就不会有连续的资金来跟风保持行情的延续性,也就不会有一个更长的周期来形成肩部。可以说,正是杠杆资金加快了顶部和肩部的形成速度,因此在指数给出连续的信号后,应该是已有反弹就要出局。随后也可以看到股指快速回落,从5000点回落到3000点以下,中间还出现过熔断等政策让指数价值回落的速度更快。

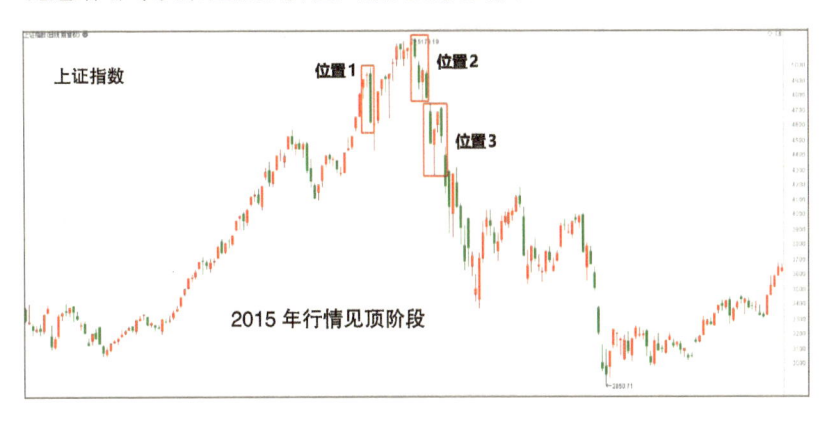

图1-27 指数长阴线的转势作用

虽然长阴线有强势转弱势的启示作用,但还是那句话,教条主义不适合股市。长阴线具有转势作用,而主力资金对K线的理解比投资者透彻得多,所以对于个股而言,主力很有可能会反向利用投资者的心理。在上面介绍长阳线的时候所举案例可以看到,出现长阴线后又迅速用长阳线回补,目的就是利用长阴线清洗不坚定或者小有盈利的散户,之所以让他们出局,是因为在其后的拉升过程中遇到的阻力会更小一些。因此无论是任何单K线的应用,都必须结合行情、形态、成交量、题材等多方面来综合考虑分析。

3. 我们用一个案例来综合分析一下前面的内容

如图1-28所示,以小康股份为例,在位置1出现连续上涨,说明主力已经在前期收集筹码后准备筹划更大的布局。阶段1属于快速拉升阶段，可能会有市场的高手勇于参与，但由于是连板并且很多一字板，介入的机会不多，却说明这只个股需要跟踪。由于股价短期上涨较大，必定在之后的一段时间反复震荡。这样达到两个目的：一个是将勇于参与的资金通过不断的波段来进行清洗，并允许一些资金获利出局，同时股价长期盘整，让市场关注力度逐步减弱，坚定参与的人减少；另一个是在不断的震荡中持续高抛低吸降低筹码成本，在这个阶段主力和散户不在同一条起跑线上，主力利用已经有的筹码优势可以降低成本并且继续吸筹，散户却很容易在波段的上下中操作出错或者短期离场，这在较长的时期内形成了一个典型的箱体震荡，箱体的下轨支撑和上轨压力都比较明显。最适合散户介入的时机在位置2，出现了典型的突破长阳线，突破了箱体上轨压力，打开了上涨空间，解放前期所有被套筹码。这时主力的意图已经非常明显，可以积极介入，是最佳的机会，既可以避免前期盘整时间的煎熬，又可以抓到关键的主升浪。在位置3出现一次长阴线，在很短的时间里，两个交易日就立刻修复回补。这根长阴线的跌停就是为了清洗不坚定分子，而且这种情况还会反复出现，因为只有不断洗盘，才能在股价上涨的过程中压力最小。如果全是阳线进攻，参与者越来越多，那么在出货阶段会非常麻烦，拉升的阻力会非常大，散户抛压会不断增加，因此边洗边拉是惯用的手法。理解了这一点，那么位置4再次出现长阴线随即短时间又回补就可以理解了。可见，对于个股而言出现长阴线的位置以及是否能够快速回补是判断阴线目的的一个关键点。在位置5再次出现"空中加油"的突破阳线，将空中形成的一个盘整区域再次突破，从位置2的不到30元到位置5的接近70元，这明显是主力要准备做最后一浪拉高出货。这也是鱼尾部分，这时候必定是业绩、舆论都一片看好，形成了普天同庆的局面，是散户最容易进场的时间，那么离股价到达最高也就不远了。

图 1-28　长阳线、长阴线的作用解析

双 K 组合

认识了单 K 的三种 K 线之后，我们再对双 K 的组合进行分析。

揉搓线（见图 1-29）实际上是两根十字星的组合，但意义并不一样：左边的先是长上影的十字星接着长下影的十字星，这意味着转为强势；右边的先是长下影十字星接着长上影十字星，意味着转为弱势。上影线和下影线要足够长，越长越好。如果不是如此，那只是普通的十字星组合，对改变趋势不具有参考意义；同时对是不是严格的十字星不要过分拘泥于此，上下有一点实体的 K 线并不妨碍，重点是影线的长度。

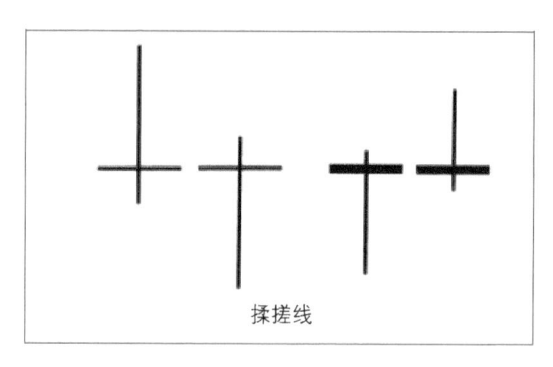

揉搓线

图 1-29　双 K 的模型

在图 1-30 中可以清晰地看到，在位置 1 出现了揉搓线的形态，下影十字星在前，上影十字星在后，股价出现一轮下挫。但是，在位置 2 第二次出现揉搓线，长上影线在前，长下影线在后，股价出现反弹。

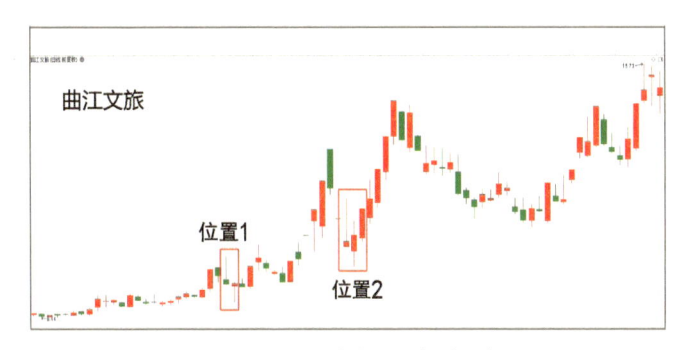

图 1-30 揉搓线案例分析（一）

图 1-31 中同样如此，在位置 1 和位置 2 都出现了揉搓线的形态，且都是上影线在前，下影线在后，股价都出现了一定程度的上涨。

图 1-31 揉搓线案例分析（二）

需要注意的是，揉搓线运行在股价的区间与量价的关系，与单 K 线一样，不能认为凡是出现这个形态股价就会上涨或下跌，因为在个股上主力可以利用资金优势，做出投资者喜欢的 K 线形态来诱惑投资者进场。

从图 1-32 中可以看到，方框标注部分就是一个明显的揉搓线形态。从技术图形看也是在上升的通道中颇有继续先上突破、创出新高的走势，这里出揉搓线极容易形成看涨欲望。

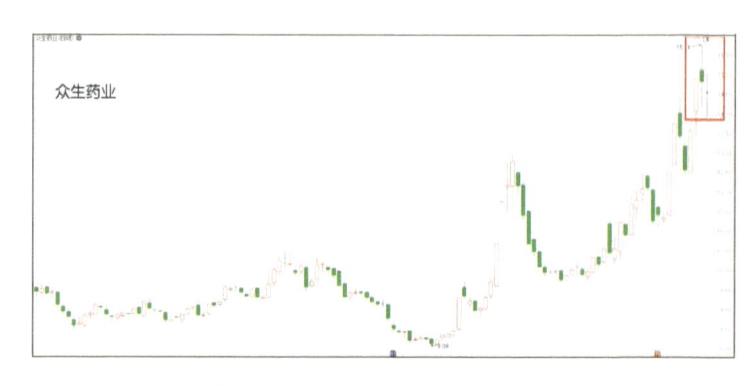

图 1-32 揉搓线应用案例分析（一）

事实并非如此，由图 1-33 可以看到，主力利用揉搓线走势让散户看好进场，但主力借机出货，短期股价就从 15 元跌到近 10 元，亏损较大。从另一个角度来看，如果股价从 10 元涨回 15 元，需要上涨 50%，难度可想而知。因此，任何 K 线组合必须根据成交量、形态以及题材的延续性等综合考量。

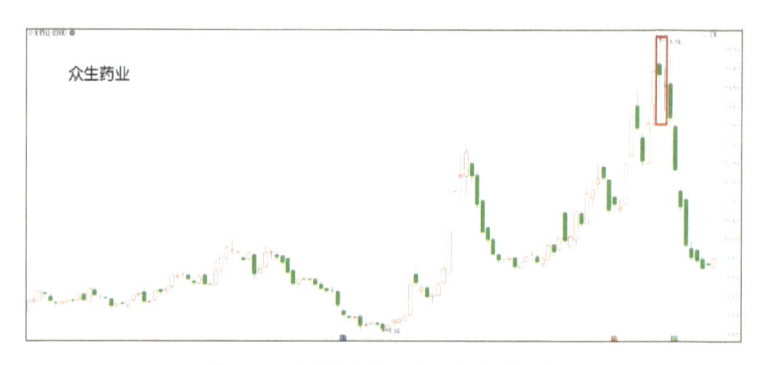

图 1-33 揉搓线应用案例分析（二）

黑云压阵如图 1-34 所示，走势开始是一根级别较大的阳线，随后出现一根长阴线，但是阴线还没有吞并阳线的实体部分，甚至会保留一个缺口或者一个没有被实体阳线填补的缺口，这种走势往往意味着涨势的暂停，股价开始由上涨转为调整。

黑云压阵

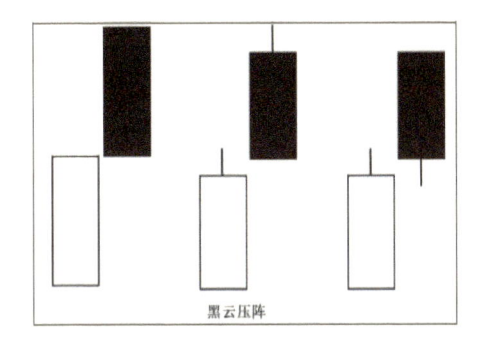

图 1-34　双 K 组合的模型图（一）

如图 1-35 所示，瑞和股份在出现黑云压阵后，股价开始连续回调，股价从最高 9 元下跌到 6 元以下，短期跌幅较大。

图 1-35　黑云压阵的案例分析（一）

同样，晶科科技（图 1-36）在股价运行的见顶期间也是以黑云压阵的形态出现，股价至此再没有回到形态出现的这个高度。但黑云压阵出现的情况并不多，可以想象，前一天还是中阳线甚至长阳线，第二天怎么就会出现一根带有缺口的长阴线？一般要么第二天大幅高开，吸引散户超短线跟风后逐步出货，要么上市公司发布了利好，第二天借着利好出货，造成了高开低走的局面，形成带缺口长阴线。

图 1-36　黑云压阵的案例分析（二）

虽然这种形态不多见，并不是说一见到就是转弱的信号，既然少见且作用明显，就必定可以成为主力利用散户的一个工具。可以想象，主力在相对底部的区域开始准备拉升，不愿意让更多散户参与，避免股价上行后抛压增大。最好的方式是洗盘，洗盘有很多方式，可以小阴线用时间去清洗，那就需要耐心。有时候题材或热点存在一定的生命周期，不可能一个热点出现且市场认可后还一直等投资者慢慢清洗，这时主力需要利用书本上的一些知识进行快速清洗，以达到散户看到形态出局，同时反向尽快拉升股价让散户很难再上车，这样就达到了目的。

从图 1-37 中可以看到，在估计上行的过程中出现了黑云压阵的走势，并且和前期走势高点形成了一个趋势压力线。从盘中分时图可以看到股价当天一度冲高到接近 7 个点随后一直在缓慢回落，形成一根类似的中阴线。无论是从日 K 线看还是从分时看，似乎都是主力在出货，很容易让散户当天选择出局。随后个股股价不但没有下跌，第二天反而一字板封停，没有任何可以参与的机会，其后一路上行短期涨幅超五成。在 2022 年度旅游股上涨，根源在于当时新冠疫情的缓解，甚至市场开始传出国际旅行的放开。但这个时间是很不确定的，这个时间点国外疫情的防控远不如中国，没有人知道政策会什么时候变化，因此留给主力炒作的时间短暂，没有时间通过小阴线或者箱体震荡进行洗盘，采用这种方式见效果、速度快。因此，使用黑云压阵需要考虑股价的位置以及成交量的情况。

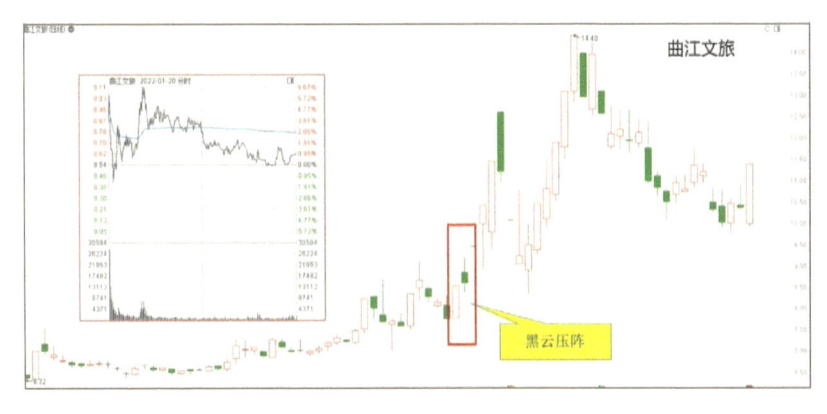

图 1-37　黑云压阵的案例讲解

1. 乌云盖顶

乌云盖顶（图 1-38）出现的频率高于黑云压阵，其 K 线组合是在长阳线之后紧接着出一根中阴线，但收盘价格并没有跌破长阳线的最低点。从技术图形看起来就是将长阳线"吃"掉了一部分，这表示走势遇到了较大阻力，有调整的需求。

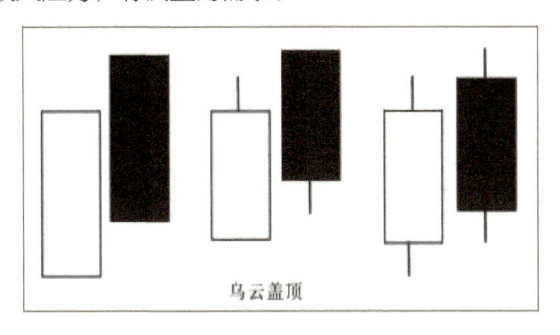

图 1-38　双 K 组合的模型图（二）

从案例有研新材（见图 1-39）中可以看到，在高位见顶的阶段，比较短的交易日内连续出现了两次乌云盖顶的组合，显示压力逐步增大，空头在想办法尽快出货，随后股价在箱体破位后一路下行，短期下跌幅度较大。

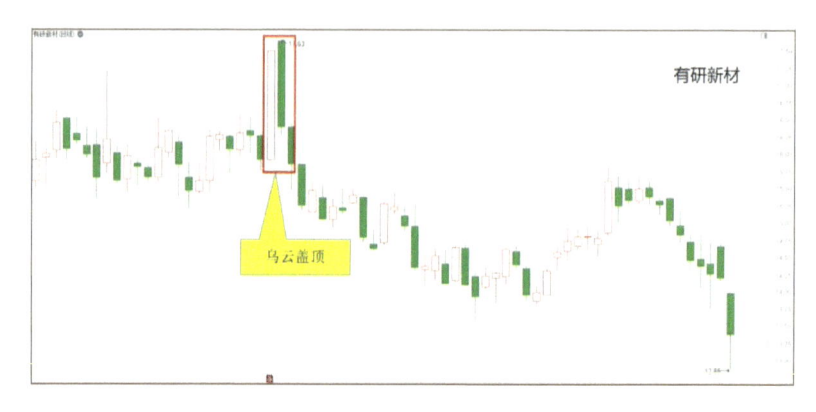

图 1-39　乌云盖顶案例分析（一）

如图 1-40 所示案例，有研新材在股价见顶时也是典型的乌云盖顶形态，而且都是光头阳线和光头阴线，形态标准，随后股价也是开始回头向下。要注意的是，在出现乌云盖顶时，第二天是收阴还是收阳是比较关键的，可以从一个方面确定究竟是主力洗盘，还是主力想要出货。

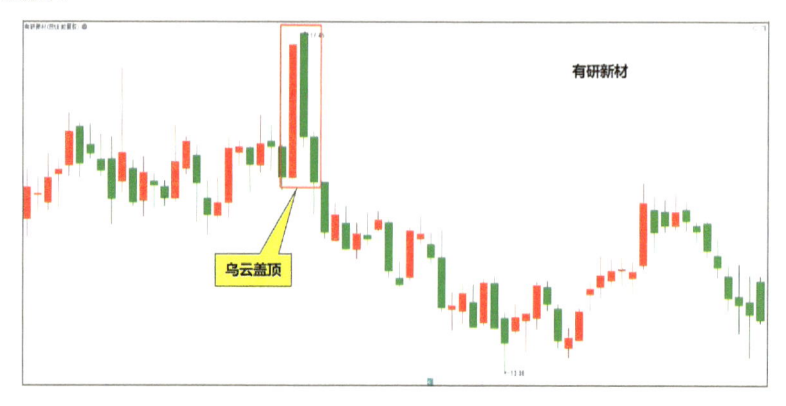

图 1-40　乌云盖顶案例分析（二）

当然，在实战中并不是出现这种形态意味着股价一定会下跌，可以从一个案例看到上面所讲的形态的实际应用。

贵绳股份的走势图（图1-41）完美地诠释了主力利用散户所学习知识进行的"死应用"。由此可以看到，在走势的过程中既出现了标准的"乌云盖顶"的K线组合，也出现了标准的"黑云压阵"的K线组合，但是股价没有出现掉头向下，反而不断上涨，短期就从不到10元涨到了16元。这是为什么？既然投资者从书本看到的形态是要走弱，主力就可以利用投资者知道的反向思维，让投资者出局，清洗筹码，达到洗盘的目的。所以任何指标和K线的应用都不能僵化，要根据量价关系和形态位置来综合考虑。就这个案例，"股价从8元涨到9元，前面都是星线整理形态，现在长阳线开始拉升，股价才上涨10%有余，花这么长时间吸筹，这点利润够吗？"如果这样思考，那么从底部上涨才10%，最多20%，投资者不但不会被轻易地洗出去，反而可能跟随形态波段操作降低成本。思维的不同，加上经验的叠加，就可能让投资者从散户的操作转变为高手的操作。

图1-41 乌云盖顶案例分析（三）

2. 倾盆大雨

倾盆大雨（图1-42）是股价转弱经常出现的一个形态，与乌云盖顶的区别在于，阴线收盘价格直接在阳线开盘价的下方，也就是从表现看阴线最低价在阳线最低价的下方。由于阳线已经被吞没，失去了向上的作用，所以这个形态出现后股价很容易出现回调走势，并且在股价的见顶区域出现的频率也比较多。

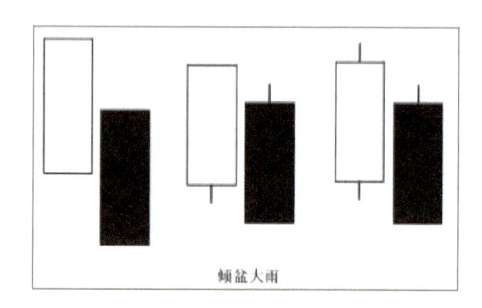

图 1-42　双 K 组合的模型图（三）

从图 1-43 中可以看到，在出现倾盆大雨的 K 线组合之后，股价迅速回落，并且之后再也没有回到该形态出现时的股价高度。从图 1-43 还可以看到，在出现倾盆大雨后股价一路下行，接着出现一波反弹形成一个肩位，在这个肩部的运行中短期连续出现了黑云压阵和乌云盖顶的走势。连续这么多转弱双 K 线组合都在提示需要离场，如果有效地接收到 K 线所要表达的内容，就可以避免后期股价连续下挫带来的损失。

图 1-43　倾盆大雨案例分析（一）

从图 1-44 中可以看到，节能风电在见顶后股价从 7 元上方跌到了 5 元以下，跌幅近四成。实际上，在顶部有很多 K 线组合在提示市场存在风险。从图 1-44 左至右可以看到，在短时间内连续出现了黑云压阵、乌云盖顶和倾盆大雨模型，这都说明尽管短期还没有破位，但是主力出货股价转弱的现象比较明显。尽管后面股价仍存在小幅反弹，但如果投资者能够理解这些 K 线组合，就会学会逢高出局或者不会买入该股，有效地避免损失。

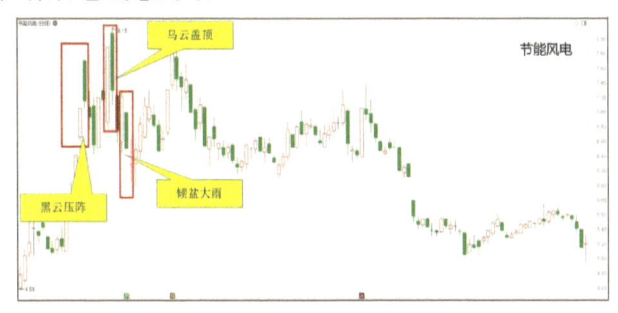

图 1-44　倾盆大雨案例分析（二）

当然，任何形态绝对不能依样画葫芦，即使是在顶部经常出现的形态，也不代表就不被主力反利用。

如图 1-45 所示，股价从 20 元左右迅速翻番，在这个位置连续出现两次倾盆大雨。按道理来说，短期连续出现转势的 K 线组合，股价短期涨幅还这么大，出局应该是没错的。

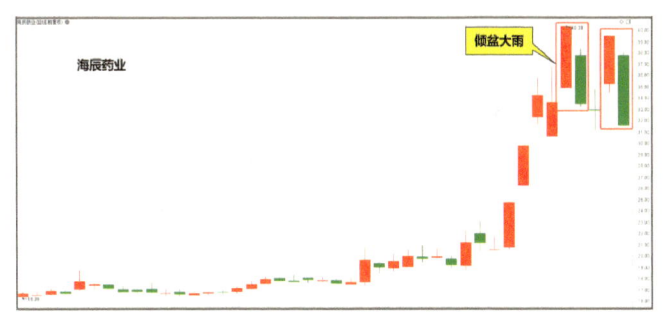

图 1-45　倾盆大雨案例分析（三）

但是，主力再次意外地进行了一次洗盘（见图1-46），其后股价不但没有下跌，反而在稍作休整后继续上攻，再次翻番。任何K线的组合都会有失败的时候，因为股价的运行掌握在主力手中，应根据形态、量能以及市场的题材、热点持续力等进行综合考虑。不可能完全了解主力的想法，这本身就是一场不在同一起跑线的"游戏"，但学习和应用好是可以极大提高自己的成功率的。

图1-46　倾盆大雨案例分析（四）

双K线组合模型比较如图1-47所示，倾盆大雨和乌云盖顶是有类似和关联度的，K线组合绝对不能孤立来看，乌云盖顶虽然没有把之前的阳线全部吞没，但如果后面紧接着是一根阴线，那么把两根阴线合并起来看，还是形成了倾盆大雨的K线组合。因此，不要静态地去看K线的走势，而需要动态的理解和把握。

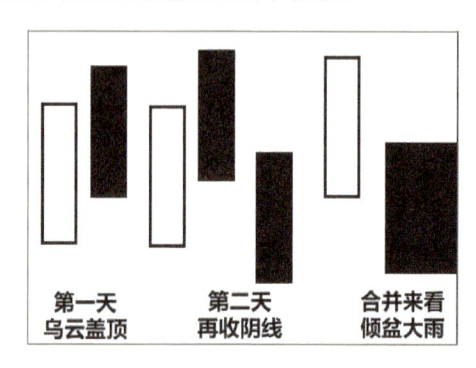

图1-47　双K线组合模型比较

3. 天狗吞月

天狗吞月（图1-48）很形象，前面一根中阳线或者长阳线，突然一根长阴线把前面的阳线全部吞没。这里有一种变形，前面可能有两三根连续的阳线，突然一根长阴线全部吞没前面的阳线组合。短期连续的星线可以看作一个趋势改变的线段，也就是都可以看作一根小的阳线，所以尽管并不是两根K线的组合，但是仍可以合并看作两根K线形成的形态，这种形态通常是趋势转坏的信号。

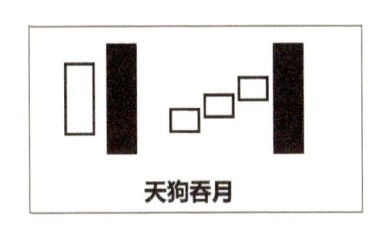

图1-48　双K组合的模型图（四）

如图1-49所示案例，在股价运行期间突然有一根长阴线将前面的阳线全部吞没，看上去阳线被阴线一口吞掉。出现这种形态后，股价开始出现连续回落的走势，短期股价都没有反弹到出现天狗吞月K线组合时的股价。

图1-49　天狗吞月的案例分析（一）

从图 1-50 中也可以看到，在股价顶部短期连续出现天狗吞月的 K 线组合后，基本出现了一定幅度的下跌，出现的次数越多，长阴线次数越多，股价越弱。这和上面长阴线走势由强转弱的描述是一致的。从另一个层面考虑，天狗吞月这种形态在股价的高位区出现会转为弱势，原因是股价拉高后主力获利较多，一旦大幅卖出止盈，就可能形成长阴线，长阴线不但对股价有影响，当出现较多的长阴线排列时，还会对均线指标以及平滑异同移动平均线（MACD）等指标造成影响，导致这些指标向下拐头或者收紧喇叭口。为什么主力不考虑这些因素，不让股价横盘运行一段时间让这些指标显得更好看？这说明主力下定了决心要出局，并且希望短时间将手里的筹码全部抛出。这时候通常会用小阳线拉升大阴线打压的方式进行出货。从图 1-50 所示案例中可以明显看到，多次的小阳线反弹紧接长阴线。一方面让心存幻想的投资者总以为股价要反弹而舍不得出局或止损；另一方面让市场一些喜好抄底，尤其喜欢在长阴线之后左侧交易谋求反弹的一些投资者进场来做炮灰。

图 1-50　天狗吞月的案例分析（二）

用一个案例来复习一下。图 1-51 是上机数控股价持续下跌的走势图，在股价下跌之前方框画出的几个 K 线组合中，你熟练掌握了哪几个？多看看 K 线的走势，就好比自己画画，看多了，画多了，心里就有谱了，以后就不会轻易上当了。

第一章　重要K线

图 1-51　股价下跌前形态案例

上述几种双 K 的模型都是见顶和卖出的模型，这说明一个道理：在股市里大部分投资者并不是选不到好股票，很多人也可以选择市场主线或者当前的热门股，但最终导致投资能否盈利的最大的问题在于能否持有，以及在什么地方选择较好的卖点。一旦卖点没有把握好，不但有可能之前的盈利前功尽弃，甚至有可能转为亏损。学习只是一个方面，更重要的是学会总结，如果你仔细研读上述图形并且寻找一些案例，甚至对比自己的持股或者曾经买卖过的个股对比分析，就可以发现：上述几种图形的最终确认，都是最右侧的长阴线。当你懂得这一点后，再看任何形态的时候，都会寻找信号并分析信号，看盘和研究的功力更强。

下面再分析两个看涨的双 K 模型，如图 1-52 所示。

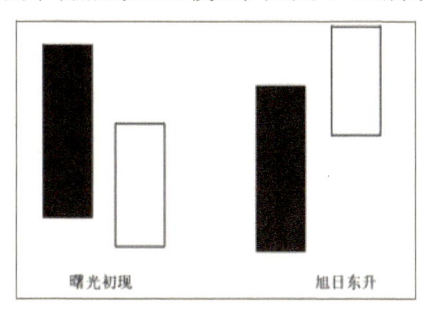

图 1-52　双 K 组合的模型图（五）

37

曙光初现和旭日东升是两种看涨形态，从名字和 K 线的模型就可以看出是比较形象的。曙光初现是在阴线后拉出中阳甚至长阳线，暗示空头已经到了尽头，开始有转势的苗头。旭日东升的 K 线组合是在阴线后出现一根大级别阳线，与曙光初现的不同之处是阳线的实体部分或者收盘价高于前一根阴线的最高价或者开盘价，就像红色的阳线已经越过了绿色的阴线，因此有旭日东升的美称。

图 1-53 是曙光初现的 K 线组合，其后股价持续上行，曙光初现的位于相对底部，主力开始拉升摆脱吸筹区的阶段。

图 1-53 曙光初现 K 线组合案例

图 1-54 是旭日东升的 K 线组合，在出现该 K 线组合后，股价在短暂横盘后逐步拉升上行，完成了下跌企稳后的反弹形态。

图 1-54 旭日东升 K 线组合案例

这两种形态虽然是看涨形态，但越是看涨形态，越容易被主力反利用。单纯只是看这两种形态出现就做出买入依据是以偏概全，极容易被套。在较大级别阴线之后接着一根阳线，是一种常态，据此操作很容易买在下跌的半山腰，即使在相对底部位置，也可能之后并不是上涨而是出现系列的波段操作将投资者清洗出去。因此，在实战中应用这两种模型要注意以下两点：一是出现的位置很重要，如果是逐步抬升股价的形态，成功率就会高一点，如果是下跌后出现的形态，则一定要更多观察，防止被骗在下跌形态的半山腰；二是出现这两种形态 K 线的力度，尤其右侧阳线的力度越大越好，阳线力度不够大形不成反转趋势的作用，失败的概率会较大。

图 1-55 和图 1-56 都深刻说明了一点，单纯以 K 线组合来进行买卖点的决定是非常草率和容易被利用的。运用 K 线组合需要结合形态、量能以及分析主力的意图等综合因素，同时还需考虑热点以及持续性等。当然，在这里举反例并不是说上述的指标没有作用，就大概率来说，上述指标很多时候是有效的，但是必须灵活地来看待，不能拘泥在 K 线本身中，也不能因为自己应用的失误而误解 K 线组合的有效性。

图 1-55　旭日东升形态应用说明

图 1-56 曙光初现形态应用说明

三 K 组合

晨曦之星（见图 1-57）是书本涉及得比较多的三 K 图形，通常是在股价下跌的末尾阶段出现，组合的形式是先一根阴线，接着一根十字星，第三天出现一根阳线。如果第二天不是十字星，而是 K 线的低点与前天差不多，同时第三天开始走出阳线，就演变成最右侧阳线的镊子线，这是一种变形，本质是一个道理。这两种形态都是由弱转强的一个信号。

1. 晨曦之星与镊子线（阳）

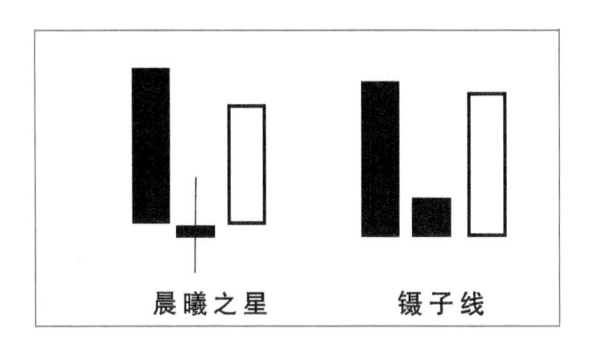

图 1-57 三 K 组合模型（一）

如图 1-58 所示，在股价出现回落后晨曦之星 K 线组合后股价开始一波拉升。这个组合对于十字星要求不严苛，有时候设置一根小阴线或者小阳线并不奇怪。虽然理论上十字星最好，并且十字星的下影线越长越好。实际应用中并不会像书本上模型一样走出那么完美的组合，如果走出一个异常完美的组合方式，就应该小心。

图 1-58　晨曦之星组合案例

曙光初现案例如图 1-59 所示，将其与晨曦案例对比可以看到，K 线形态左边阴线力度并不是决定性因素，十字星大小也不是决定性因素，右侧长阳线力度是决定性因素。只有右侧出现的阳线级别足够大，才能确定是曙光初现模型，这正是在单 K 线解读以及书名中体现的精髓——决战长阳。

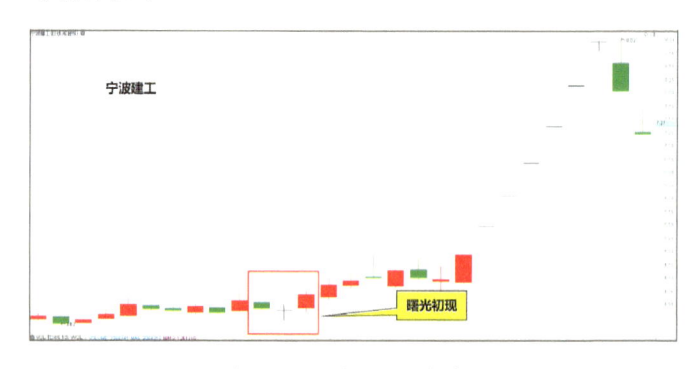

图 1-59　曙光初现组合案例

图 1-60 是镊子线的案例，同样是出现在下跌后的企稳止跌阶段。无论是晨曦之星还是镊子线，实际上最好的组合形态是左右两边的 K 线力度比较大，尤其右边阳线最好是长阳线才更有效，只是简单地用在小级别的 K 线组合中是很容易失败的。同时，该 K 线组合出现在股

价企稳或者相对的底部效果才最明显。由于在实际运用中很少出现长阴线转长阳线的转折，所以晨曦之星和镊子线出现的概率并不是很多，并且经常有一种变形——前面是阴线，后面有两三根小幅度的星线，随后拉出一根长阳线。这种镊子之间的交易日就不止一天，但符合镊子线阳线的组合方式，所以在实战运用中要灵活应用。

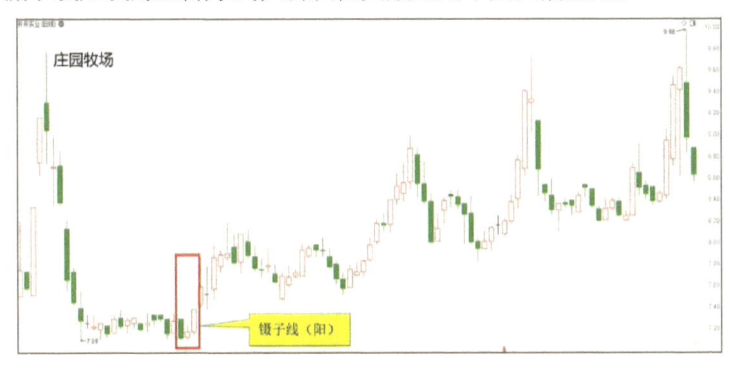

图 1-60 镊子线形态案例

图 1-61 是镊子线的衍生组合，只是在两根阴阳线之间有三根星线，本质上仍是镊子线。可见，镊子线是晨曦之星的变形。当然，这种形态最好应用于形态相对比较低的区域，若在股价有一段涨幅后出现，则需要综合考虑更多因素。

图 1-61 镊子线的变形形态应用

2. 低档五阳与塔形底

之所以把塔形底和低档五阳（见图 1-62）放在一起讲，是因为它们之间存在一定的关系。低档五阳的 K 线组合是在出现阴线后，连续出现五个星线且都是阳线，这在一定程度上意味着卖方减弱，并且逐步转为买方强势。但这种形态完全去追求出多少个阳线是没有意义的，在其过程中阴线和阳线也可能交替出现，但股价逐步缓慢抬升，形成了一个塔形底，最后长阳线突破，扬长而去。本质上两个形态都是超跌后盘整逐步企稳的形态，但投资者不能片面地追求底下出现的数量，也不能想着一定出现模型中标准的"光头"或者"光脚"的 K 线，实际运行中也是不可能的，只要是星线就可以。

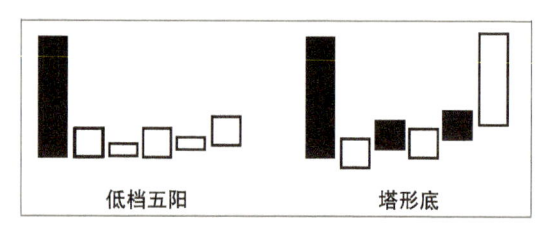

图 1-62　三 K 组合模型（二）

如图 1-63 所示，塔形底没有出现非常多的星线，也没有出现"光头"和"光脚"的 K 线，但连续的星线组合可以看作一条线段，随后长阳线启动，展开一轮攻势。

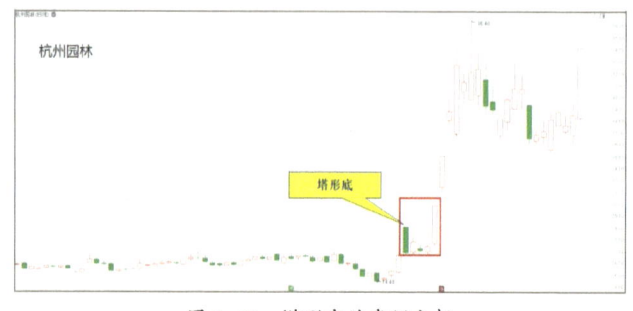

图 1-63　塔形底的案例分析

图 1-64 是低档五阳的走势，在长阴线出现后股价连续盘整拉出阳线，缓缓上涨，主力已经不愿意继续打压股价，怕形成一个破位走势，引发形势改变，所以采取持续横盘的走势，直到再次拉出长阳线摆脱，逐步开始新一轮的股价涨势。

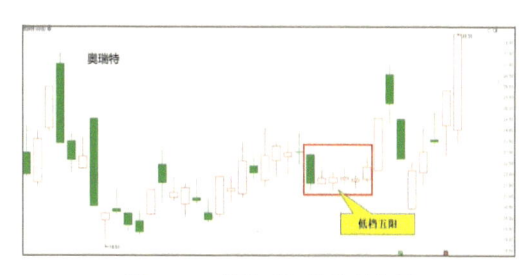

图 1-64　低档五阳的案例分析

从上述两个案例可以看到，无论是塔形底还是低档五阳，在阴线后的星线组合是一种用时间换取空间的做法，最终确认还必须靠长阳线。这就回到了决战长阳的本质——长阳线才是趋势改变最重要的信号。

3. 双飞乌鸦和镊子线（阴）

双飞乌鸦（见图 1-65）的名字很形象，一根阳线之后，两根阴线在上方矗立着，其中有一个缺口一直不回补，就好像双飞乌鸦站在电线杆上不肯下来，并且通常第二根阴线的级别要大于第一根阴线，这是要从涨势变为跌势的一个信号。而镊子线（阴）的组合则是以最右侧出现的 K 线颜色决定，看上去像倒过来的镊子，这往往也是 K 线趋势由强转弱的信号，这个走势与镊子线（阳）的走势完全镜像。

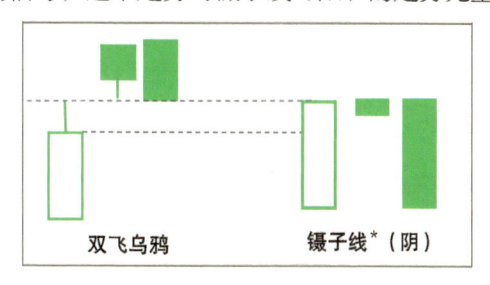

图 1-65　三 K 组合模型（三）

图 1-66 是双飞乌鸦比较典型的一个形态。实际标准的双飞乌鸦比较少见，大部分个股股价会在短期内先回补缺口，只看这个形态做卖出的决定是不够的，还要看是否处在股价已经上涨不少的一个偏向顶部的阶段。同时，要做出卖出决定，最后是不是有长阴线出现，在长阴线明确信号后出局也未尝不可，可以防止被主力洗盘震出。

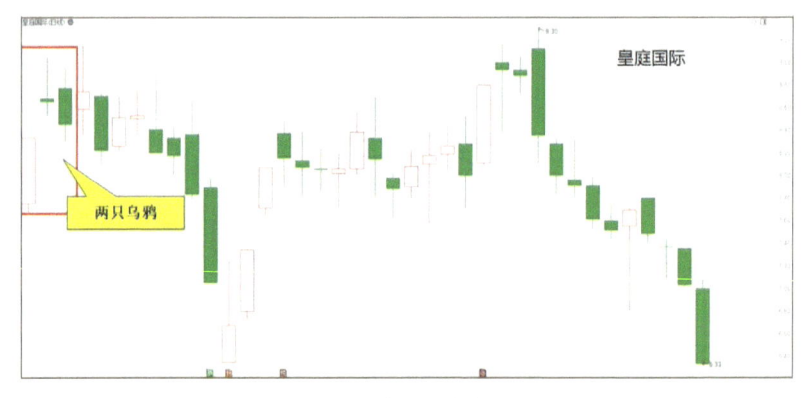

图 1-66 双飞乌鸦形态案例（一）

皇庭国际案例如图 1-67 所示。由图可以看到，虽然之前出现过双飞乌鸦的走势，但实际上在这个位置主力可以作两方面选择，仍可以选择继续上攻，并不是出现形态就一定是卖点。但是，在其后交易日出现了长阴线，不但改变了股价的重心，还回补了缺口，这时候就是卖点。这样卖的价格比双飞乌鸦的点位还低了一些。在股市中会有很多情况发生，虽然看到后面的走势，明白了双飞乌鸦出现的时候是卖点，但是并不能提前预知未来，这时仍有继续向上的可能，所以是可以观望的。但是，在长阴线出现后就应该出局，这就是决战长阳的本质，长阴线是趋势由强转弱的标志。股价出现反弹后也出现过类似双飞乌鸦的情况，只是两个十字星叠加在一起。此时也是属于一个股价运行的十字路口，但随后出现长阴线，那么要坚决出局了。这两个卖点的提示都充分说明长阴线的重要性，而且之后股价下跌的幅度都很大，说明 K 线形态需要结合股价所处的位置以及量能动综合因素考虑，是具有实战指导性的。

图 1-67 双飞乌鸦形态案例（二）

镊子线（阴）的使用更是不能拘泥于形式，与镊子线（阳）一样，重要的是看形态的转变，还不是拘泥在数镊子中间有多少根星线。其实，只要是星线，中间有几根 K 线无所谓，关键是最后长阴线的转变，给出一个明确提示，方便找到出局信号。

从图 1-68 中可以看到，在形成镊子线中间发生很多 K 线，但股价都在很小幅度中运行，都是星线的组合，不对股价的走势产生决定性影响。但是，直到镊子线右端出现长阴线，才形成了镊子线的形态。这个时候就明显告诉投资者股价由强转弱，在后期的股价反弹中应该是出局为主，这样就能避免后期股价被腰斩。

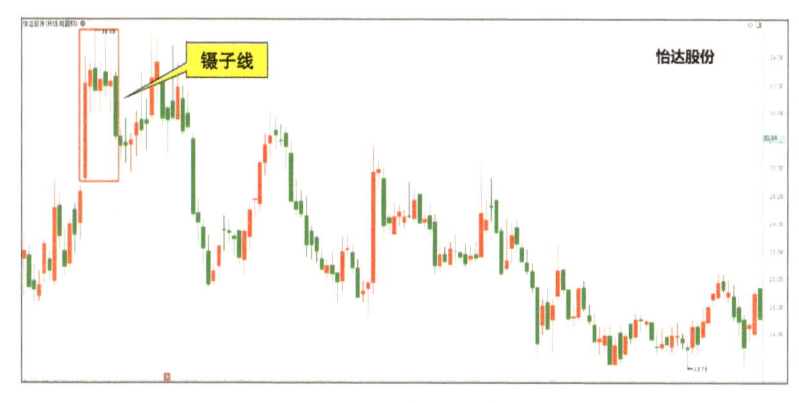

图 1-68 镊子线形态的应用案例（一）

从如图 1-69 所示的案例可以看到,在方框内同样也形成了一个镊子线,但在两根镊子中间有很多星线组合,最终确认是右侧镊子的长阴线。在镊子线中间不是生搬硬套地只看一根星线,更重要的是看整个形态的形成。上述两个 K 线组合都是靠右侧的长阴线,这也说明长阴线由强转弱具有很重要的意义。

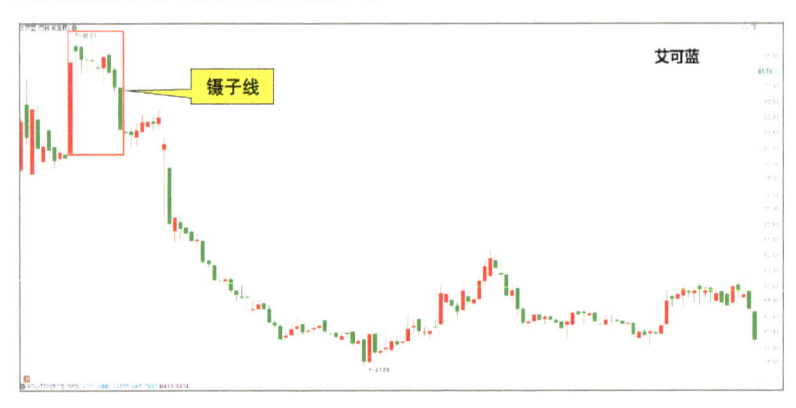

图 1-69　镊子线形态的应用案例(二)

4. 三只乌鸦和倒三阳

三只乌鸦和倒三阳(见图 1-70)都是转势出货的形态,三只乌鸦是连续阴线回落,但还没有将阳线的实体全部吞没,是一个趋势转弱的信号。倒三阳跟三只乌鸦的区别是股价也是逐步下行,但每次都是收出阳线,股价回落,甚至会将长阳线的实体全部吞没。这两种 K 线组合看上去类似,实际作用也类似,所以放在一起学习。三只乌鸦看上去颇为恐惧,但是要根据不同的位置进行考虑,由于长阳线的实体没有被吞没,或吞没很快又收回,形成带有下影线的 K 线,那么在形态相对比较低的位置是有可能被主力借用来洗盘的。倒三阳出现的概率不是很大,而连续做出阳线的目的是让市场不恐慌,让投资者看到连续阳线总会抱有反弹的想法,所以是一种主力借机出局的一种形态。

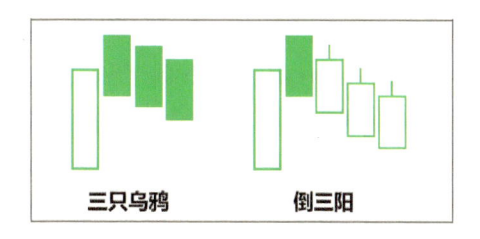

图 1-70 三 K 形态模型图

图1-71是较典型的三只乌鸦的 K 线组合,其后股价开始一路向下。我们需要对照模型及时分析。虽然出现了三只乌鸦,但长阳线并没有告破,这个时候实际可上可下,只是此案例在一个股价上涨了不少的顶部出现,所以更有转势的效果。但是,在股价比较低的阶段,主力可以利用三只乌鸦的走势达到洗盘效果。只要长阳线没破,就不能说走势转弱。真正转弱的是第四根阴线,也就是将长阳线彻底吞掉的阴线,这个时候确认形势的转变,可以卖出。有投资者会不理解,没有卖在最高点?这就是散户最大的通病。如果是追求卖在最高买在最低,99% 的人最后一定是被套或者操作不好。因为只是一个简单的震荡,投资者就会以为是顶或者是底,真正的高手都是要见到信号的,没有信号不会轻易下买卖的决心。投资者可以不卖在顶部,因为还有上涨的可能。我们不应不考虑这个可能,所以不能以想象的未来决定自己的决策。

图 1-71 三只乌鸦形态案例分析 (一)

从图 1-72 可以看到，在股价的上行过程中出现两次三只乌鸦的 K 线组合，但是只是看到形态就卖出，无疑就会被主力清洗出去，就抓不到后面的主升浪。这说明主力十分了解 K 线组合及散户的心理，利用对三只乌鸦 K 线组合的恐惧感达到洗盘的目的，现在看这张图，是因为后面上涨了三四成，而得出方框画出的是相对的低位。但是，在看不到未来的时候，实际方框的位置在 K 线图上也是显示比较高的，所以要综合考虑主力成本、量价关系等因素。但是，假如出现三只乌鸦并没有长阴线确认，而是企稳甚至反弹，那么这时接着持有就不会被洗盘出局。该案例是一个最直白的体现。

图 1-72　三只乌鸦形态案例分析（二）

图 1-73 更能说明一个问题，这个地方究竟是不是三只乌鸦？有人会说这不是三只乌鸦，有一根红 K 线。的确不是三根阴线，但是可以看到股价重心是不断降低的，这时再纠结不是三根阴线就没有意义。从形态来看，前面有一个明显的高点跌回，现在在反弹中，这个位置出现类似三只乌鸦的形态，极有可能是一个肩部，而肩部是最应该出局的区域。退一步说，哪怕这时候还是心存幻想再看看，那么其后出现一根反弹的阳线，随机连续出现两根阴线并把这根阳线吞没。这就是双 K 组合中的乌云盖顶。此时不走更待何时，就算没有卖在最高点，但是可以避免之后股价被腰斩。

图 1-73 三只乌鸦的案例分析

如果你想明白了这一点，就可以想象，去做传统的跟模型一样的倒三阳意义并不大。因为核心仍是在股价接近高点后开始逐步回落，直到把之前的阳线吞掉，导致趋势的彻底转变。在这个过程中没有主力一定要做出倒三阳的模型，这中间就算有阴线，也不会不改变形态，只有股价逐步下行、重心逐步降低才是最重要的。

如图 1-74 所示，在出现方框里 K 线形态后，股价一路下行，那这就是倒三阳。虽然有一根阴线，但是从分时图可以看到，股价在开盘后迅速走低随后拉升，实际是一根带下影线的阳线，而呈现为阴线是开盘价比收盘价略高一点导致，这就是假阴线。看后期走势，倒三阳显示是主力做多能量的逐步衰减，在第三根阳线冲击失败并且收出长上影线时，这个地方一定要减仓。第二天出现长阴线，将之前的阳线全部吞没并形成了破位走势。这根长阴线释放了趋势转坏的信号，这天必须全部出局，才可以避免后期股价连续下挫几乎腰斩。

图 1-74 倒三阳案例分析

从单 K 到双 K 再到多 K，对常见的 K 线形态给作了讲解，但要清晰地认识到，在几十年来，这些理论就已经存在，经过发展，主力的运作方式、市场的变化、监管的变化等都在不停地发展和进步。经历了这么多年，每一代操盘手都有自己的方式和风格，而中国股市的扩容速度也是非常快的。2015 年左右只有 2000 多家上市公司，当时成交万亿已经是一个天量。在 2022 年上市公司已经近 5000 家，两市成交万亿已经是一个常态。目前市场的节奏、题材的延续性甚至价值投资的核心理念都有很大不同，持股周期和投资体系都是因人而异，所以我们也必须跟随学习、研究和进步，很多形态也在演变，只有跟随改变，才能适应中国股市日新月异的发展。

5. K 线组合使用要点

很多投资者都觉得理论都明白，也反复看过琢磨过，为什么这些 K 线及组合在实际应用中不一定好使。应注意：股价的走势很容易被局部的资金影响，主力也会利用常规的认知进行反向操作，股市本身就是一个资金博弈的市场。对于个股而言，需要参考各种指标的配合，尤其是量价关系的配合以及形态的位置。不过对于指数以及机构云集的蓝筹股来说，指标的有效性就强得多。原因非常简单，指数并不是由一些小资金可以影响走势的，而机构云集的蓝筹股大家抱团取暖，一般资金难以撼动，也没有那么多筹码，在实际操作过程中，游资和私募都不会选择抱团的蓝筹股。因此，单 K、双 K 以及三 K 等组合形态，放在指数、交易所交易基金（ETF）以及抱团股中更具有实战性。

第二章　股价形态

无论是中国股市还是外国股市，也无论是什么股票，只要交易的时间足够长，就会在走势图上形成各种不同的图形，有的像一座山，有的像一座岛，有的像一面旗子，有的像英文字母或者几何图形。这些图形的走势有迹可循，从而产生了研究图形和形态的理论。

技术图形和形态好比天气预报中的气象图，如果能看懂它，就能知道日后运行的方向，就知道是该买还是该卖。所谓识大势者赚大钱，在股市中生存好有盈利，必须对技术图形有了解，并且可以结合K线组合和量价关系等准确判断买卖点，这是必须学习和精通的环节。本章对股市中常出现的形态进行讲解。

双底形态

双底（图2-1）类似英文字母W，所以又称W底。这是股价在相对底部比较容易出现的一种形态。股价做出两次探底，并且两次底部的价格接近，其后逐步抬升，向上突破颈线的压力，这时就形成了底下两个尖的底部形态，这就是双底。那么在突破颈线的时候就是一个买点；实际上往往突破颈线后还会继续回踩颈线，这时候会出现买点二。从传统的思维范畴来看，向上的走势更为稳健。

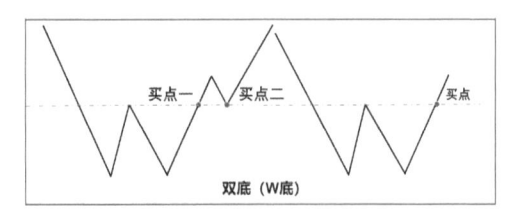

图2-1 双底形态模型图

图2-2是比较标准的双底形态，股市不断地扩容以及股市差异化行情的不断演化，V形反转的头部和底部都比较少，双底形态是比较普遍的形态。可以看到在底部也有反复震荡，但是股价基本在两次底

部低点的附近，从而形成了两次探底，其后再逐步拉升，最终突破，连续上涨。这种相对标准的双底以及突破后并不回踩颈线的情况比较少。同时，投资者应该观察和思考，在突破颈线时什么级别的 K 线给出了明确信号。

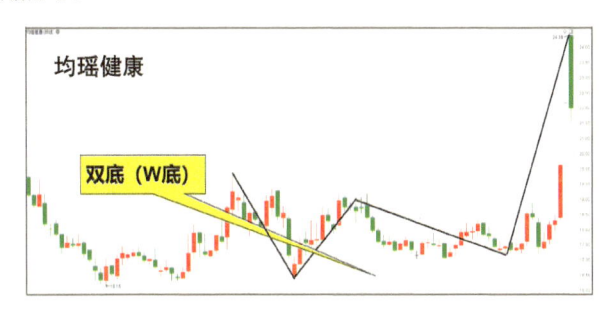

图 2-2 双底模型的应用案例（一）

图 2-3 所示的案例同样是标准的双底形态，最后也有一个回踩颈线的动作，给出了二次买点，更重要的是在底部盘整震荡的阶段，由于之前股价较弱，后面趋势并不明显，也没有出现反转信号，市场心态通常也不稳定。实际上，这时很难把握准确的买点，容易被洗盘出去。但是，如果在突破颈线时是一根长阳线，就可以宣告突破的成功。从图 2-1 所示的案例也可以看到，最终右侧都是长阳线突破。这个长阳线既是突破阳线也是买点，就可以解决在底部反复震荡，而不清楚什么时候应该进场的问题。

图 2-3 双底模型的应用案例（二）

图2-4是比较容易出现的经典双底形态，前面案例中科电气中实际上也是这种，在突破颈线后会回踩颈线，只是回踩时间更长一些。从案例中可以清晰看到，双底形成向上，是以长阳线突破，这时形成买点一，随后几个交易日回落，但是在回到颈线的位置开始止跌企稳，这时是买点二，其后股价开始一路上行，这两个位置都是比较好的买点。

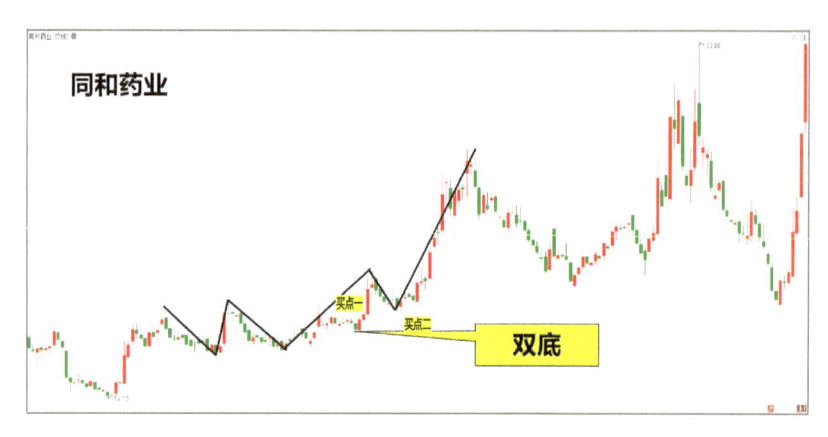

图2-4 双底形态的应用案例（一）

图2-5是比较典型的双底形态。下面学习买点位置的选择。这只个股在筑底的时候有一个显著的特征，就是先出现长阳线再洗盘。这个主力的手法是比较彪悍的，在底部能够拿住不被洗出的散户是很少的。这时候普通投资者拿不住并不奇怪，因为买点没有明显的信号提示。但是，根据双底形态进行分析，在突破颈线时出现长阳线，也就是买点一位置，这时可以介入，随后主力又一次洗盘。在跌破颈线后，通过长阳线直接修复，那么在买点二位置又是一次介入良机，可以再度买入。这两次买点都是非常好的，并且可看到，结合长阳线来判断形态的确定，可以避免在前期反复洗盘中被清洗出局。

图 2-5　双底形态的应用案例（二）

双底还有一种变化模式，虽然是双底，但第二个底部的位置要高于第一个底部，这是市场中比较常见的双底模式（图 2-6）。道理也非常简单，主力没有必要画一个双底的标准图形，如果那么标准，投资者就可以等着回到前期底部位置去抄底。逐步抬高底部是正常的手段，而且可以让喜欢依样画葫芦的散户犹豫，总想等到跌至前期低点，失去进场的机会。

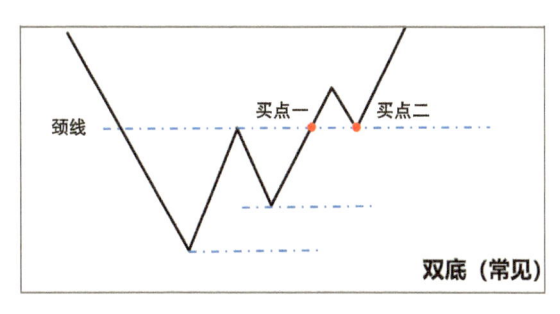

图 2-6　双底变化模型图

从图 2-7 所示的案例可以看到，该股底部也是一个双底形态，但第二个底部的位置要高于第一个底部，如果等待回到第一个底部的价格，就会错失后面的上涨。其实，如果看到后面开始出长阳线，说明主力认为时机已到，已经按捺不住了，这时候还在等回调可能会错失买点一，而错过买点一后股价连续上涨，散户很难说服自己买入，等涨到受不了的时候去追，往往就是阶段顶部，然后股价开始回落，追高买入的散户受不了回调，很容易在连续回落中割肉出局。但随后股价调整到位接近了颈线，实际上却是买点二或者是继续买入点。在买点一买进的投资者适当追击，可以大获全胜；买点一就错过的散户或者其后割肉出局的散户很难再有勇气进场。

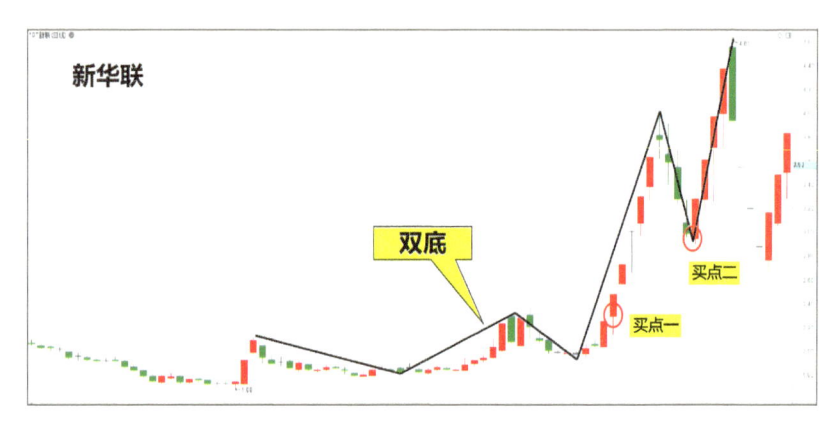

图 2-7　双底模型案例分析（一）

如图 2-8 所示，底部形成较大的双底的时候，第二个底部股价要高于第一次。但是，根据形态的突破来看，买点一就是长阳线突破为最佳买点，其后股价上涨后有短暂回落，企稳出现买点二。从以上案例可知，无论是什么形态，都要观察和总结。对于双底形态来说，确认是不是买点，要看突破颈线的 K 线是不是长阳线（长阳线是突破的标志）。这仍符合决战长阳的核心精髓。

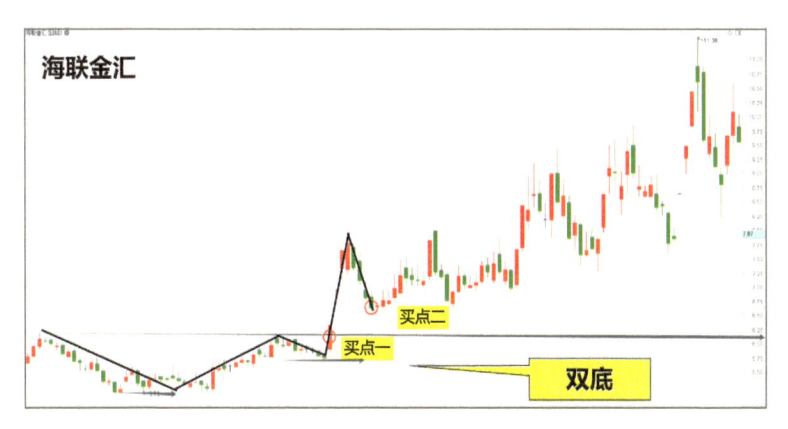

图 2-8　双底模型案例分析（二）

头肩底形态

标准的底部双底形态可以有很多变化，比如不是两个底部，而是三个底部，这就是形成了三重底。三重底的底部低点基本在同一水平，但如果中间一个底部低点价格更低，就演变成头肩底。头肩底形态如图 2-9 所示，除了中间一个低点，另外两个低点的价格类似，形成了左肩和右肩，最后突破颈线位置形成买点。其与双底的形态类似，一种是直接突破，一种还会有回抽靠近颈线的动作，在靠近颈线甚至回抽颈线时是买点二。

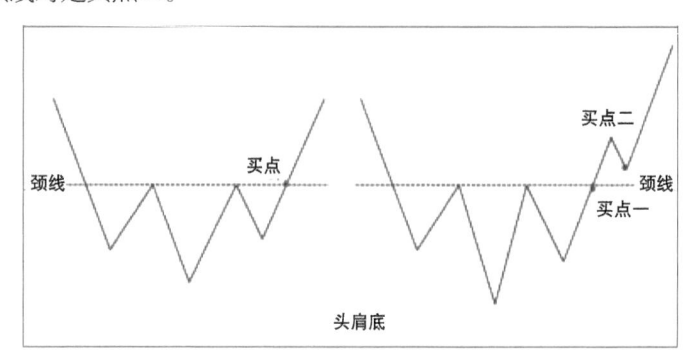

图 2-9 头肩底模型

图 2-10 是一个标准的头肩底形态，左肩和右肩的低位价格在同一水平，买点位于右侧突破颈线的位置，而且是长阳线突破。突破后会有一小段回抽靠近颈线，买点也没有突破颈线的买点好。在实际应用中，右肩位置的回调幅度企稳的价格可能会高于左肩的位置，这和双底的变形类似，但总体仍是一个头肩底，因为底部那个地方是不可能达到的。否则，不再是头肩底的底部形态，而将是另一个形态。

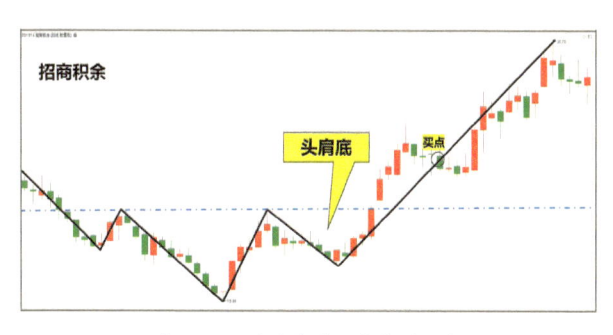

图 2-10 头肩底案例分析（一）

图 2-11 也是头肩底的一个形态。由图可以看到已经出现明显的左肩底部和右肩。关键问题是，在方框中标明的位置按道理会有买点出现，为什么认为买点不成立，而且股价后期还继续回落。在突破颈线的时候，投资者一定要见到长阳线突破，确定走势。也许有人会说，小阳小阴线组合慢慢跨过去不拉出长阳线岂不是错过了好机会？这种情况是有可能的。5000多只个股，每只个股都有自己的特点，我们没法确定没有这种的走势。人的精力是有限的，不可能每天跟踪几千只个股，应该找到最优买点的个股，而突破头肩底颈线最好的方式就是长阳线突破。股价继续小幅回落，直到企稳突破颈线的位置，就是长阳线突破的位置，这时就是很好的买点。

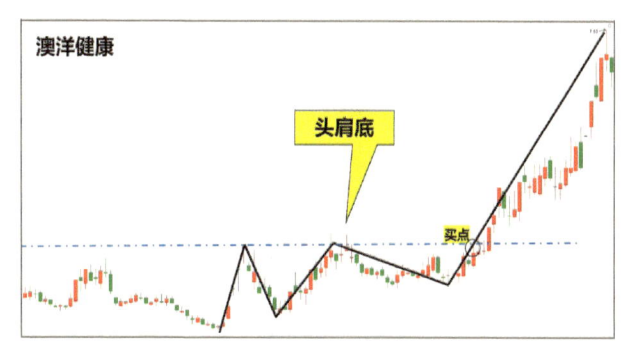

图 2-11 头肩底案例分析（二）

上升三角形形态

将股价短期的反弹高点连接起来形成一条上边线的压力线，同时将股价每次回落的低点连接起来形成下边线，这就形成了一个三角形（图2-12）。股价在三角形上下轨之间不断震荡，最后突破上边线的压制。上升三角形突破的时间越早越好，因为三角形收窄后留给股价运行的空间不足，迟迟不突破就容易形成顶部盘整，导致股价下跌。

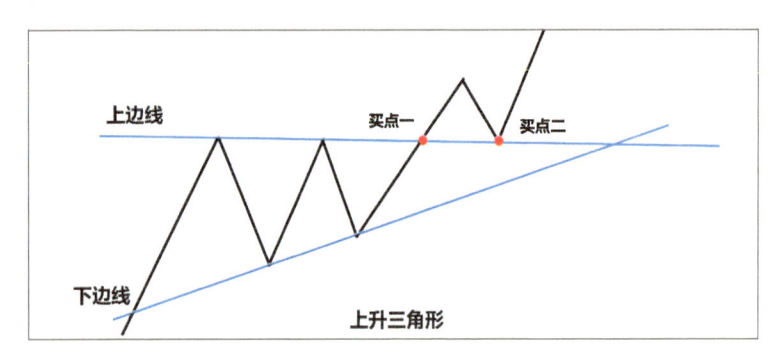

图2-12 上升三角形模型

图2-13是典型的上升三角形的形态，连接股价上行中回落的低点得到三角形的下轨，连接上方两个高点得到三角形的上轨，股价在三角形区域不断震荡，空间不断缩小，最后长阳线突破压制，形成了买点一，也是最佳买点，其后股价稍有回落回踩上轨线，这时候形成了买点二，之后股价上行，开始另一轮涨势。长阳线的突破仍然是关键，这也是决战长阳所重点跟踪的。假如不是长阳突破，那么形态突破得不到确认，股价就变成了横盘，形态不成立也无法确认买点，因此就不能轻易进场。

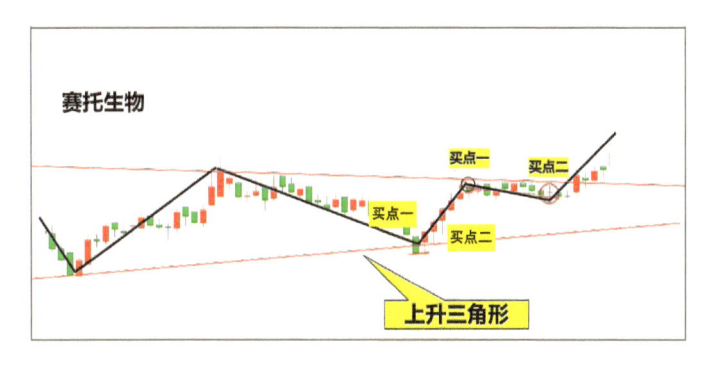

图 2-13 上升三角形案例分析(一)

图 2-14 也是比较典型的上升三角形的形态。这个三角形的区域更大一些，三角的开口也比较大。如果在三角形区内进场，无疑要忍受较长时间的震荡，且股价上涨幅度有限。这对于散户来说坚定持有是很难的，但只要把握住上升三角形突破上轨是不是长阳线确认，就可以比较准确地把握好买点，才能享受到后面的主升浪。这才是最关键的一步。

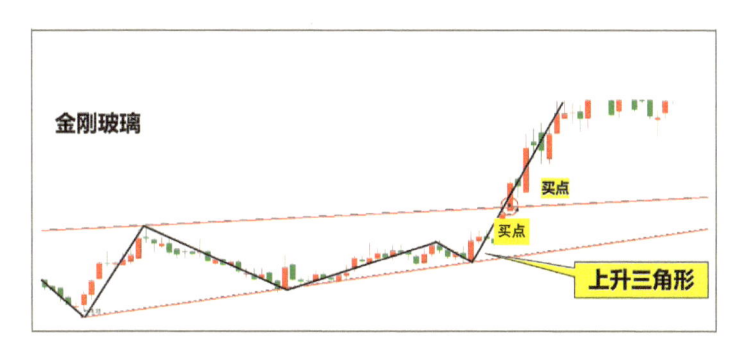

图 2-14 上升三角形案例分析(二)

图 2-15 所示的形态是上升三角形，股价在不断抬升，连接回调的低点形成三角形下边线，连接反弹的高点形成三角形的上边线，为什

么这个上升三角形不但没有成功突破，反而出现股价下跌？在位置①，突破上边线压力的确是一个机会，但是没有形成长阳线突破。星线和十字星是一些没有力度的 K 线，所以突破的力度小，突破不成立，股价开始下跌。这时主力想自救，于是有第二波进攻，也就是位置②。这时如果拉出长阳线站上三角形的上边线，也可以算是突破成立。但同样没有成功，只是冲高收出长上影的 K 线。说明这时候主力短期放弃进攻，借机拉高出货，此后股价开始疲软，进入连续的盘整期，等待下一个周期再寻找机会。因此，只要长阳线没有出来，没有形成有效的突破，就不会轻易进场，使资产受到损失。

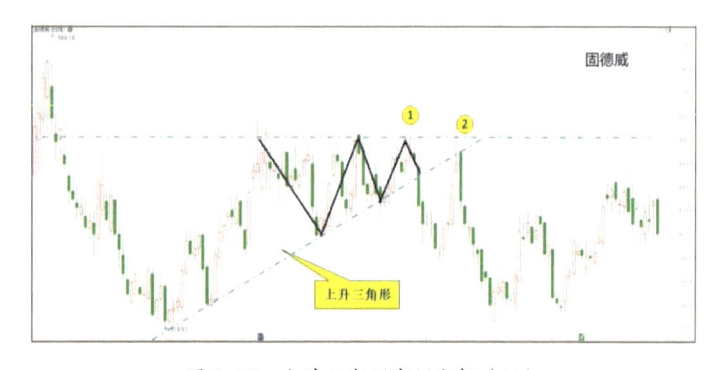

图 2-15　上升三角形案例分析（三）

底部三角形形态

底部三角形（图2-16）通常出现在股价前期出现连续下跌后的企稳形态，股价连续的调整低位在同一个水平，因此可以把低点用一条直线连接起来形成三角形的下边线，而反弹的高点有逐步降低的趋势，把高点连接起来形成三角形的上边线，整体连接形成一个底部的三角形，股价在逐步收敛，最后突破上边线的压制，形成买点一，突破后回踩上边线形成买点二，这是整体的底部三角形的形态。

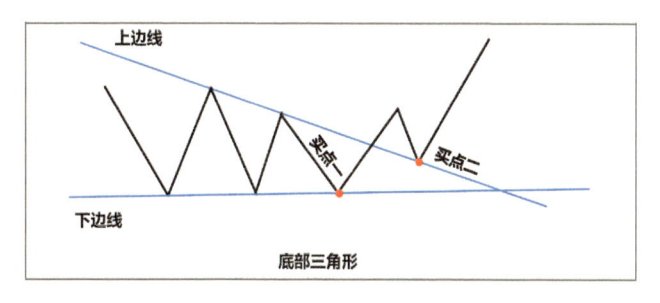

图2-16 底部三角形模型

图2-17是一个典型的底部三角形形体，前期个股股价跌到一个低位，两次探底都在同一位置，因此可以连接起来做三角形下边线，而前期反弹的高度在逐步降低，可以把反弹高点连接起来形成上边线，这样就形成了一个底部三角形。在突破上边线的时候形成了买点一，随后股价稍有回落但是都没有跌破底部三角形的上边线，在回踩中形成了买点二，两个买点出现后股价开始逐步上行，展开了一波涨幅较大的主升浪。

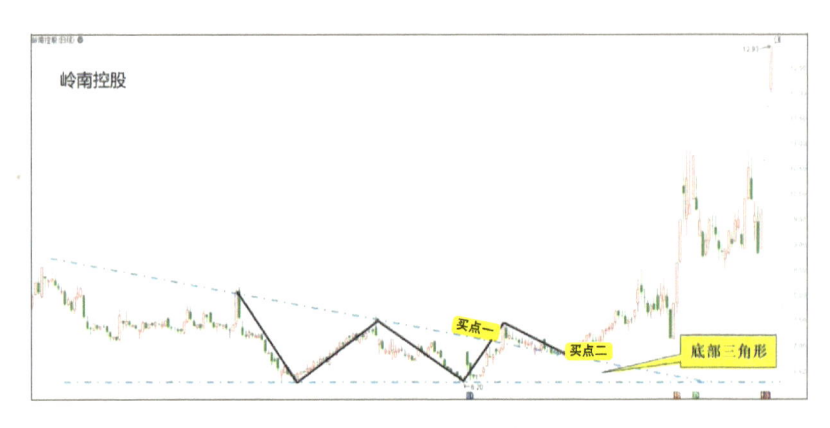

图 2-17　底部三角形案例分析（一）

图 2-18 也是比较典型的底部三角形的形态，在两次大的回调中低点都在同一个水平形成了三角形的下边线，而两个反弹高度的连接点形成了上边线。在问号标注的位置也有似乎要突破三角形上边线的意图，却一直没有出现长阳线，因此这里的诱惑性极强，但信号还没出现，所以并不急着进场，应该多观察。随后股价突破未果开始回落，但是到了位置①时，股价开始突破上边线，并且是长阳线突破，这个时候就确认了形态的突破，是最佳买点，其后股价开始持续拉升，短期翻倍。

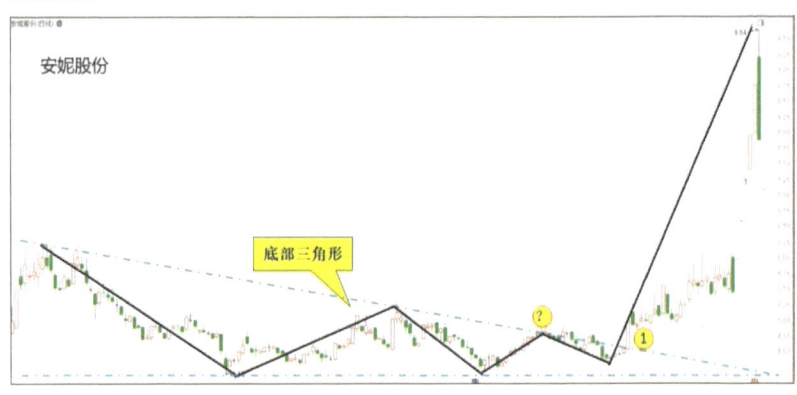

图 2-18　底部三角形案例分析（二）

希望底部三角形出现在底部，但是底部是一个相对的区域而且无法用指标来确认。有的投资者追求绝对的低价或者很低的位置，但是并不一定能达到。对于底部三角形的使用来说，只要是前期有过一轮上涨，短期涨幅上涨很高，见顶后开始一轮回调，然后逐步企稳开始整理，这个时候就可以考虑是底部。底部是相对的，不一定是个股在第一波启动时的低价，所以要允许底部是浮动和相对的。运用底部三角形模型的要点：一是前期股价要有所表现，这说明该股有题材，有主力运作，容易引发市场的关注；二是要有耐心，底部三角形的形成在突破前的整理会花费较长时间，这时主要是观察和跟踪，不适合介入，而真正的介入点是在有效突破三角形上边线的位置以及突破后回踩上边线的位置，没有有效突破，就不能因为一味地看上去符合底部三角形形态而匆忙进场，而是要等到突破长阳线的信号出现。

收敛三角形形态

收敛三角形是股市中经常见的一种形态（图2-19），而且位置也比较灵活，可以出现在底部，也可以出现在腰部，甚至可以出现在头部。收敛三角形并不是一个看涨或者看跌的形态，而是表示股价正在逐步地震荡缩减，并准备选择一个方向进行突破的图形，是一个可上可下的形态。把个股逐步回调的低点连接形成下边线（这根下边线趋势是向上的），把反弹的高点连接形成上边线，这样就形成了一个收敛三角形。随着股价震荡区间的逐步收紧，最终会选择一个方向，如果是向上突破上边线，就会有一个买点出现，如果向下突破下边线，就会形成一个卖点。

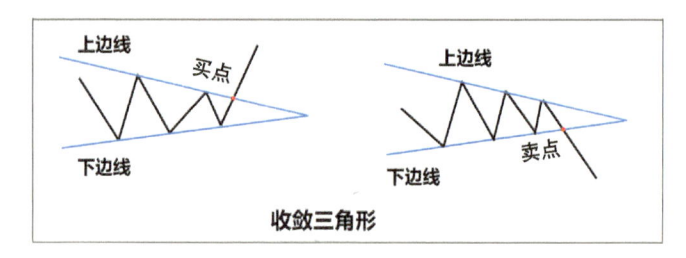

图2-19 收敛三角形模型

图2-20是一个较为典型的收敛三角形形态，出现在股价逐步上涨的过程中，更容易选择的是向上突破。整个三角形可以看作股价上涨途中的停歇，而最佳的买点是在突破上边线的长阳线出现后确定选择了突破方向后介入，可以避免星线的假突破。因为我们要抓的是最丰厚和确定性相对最高的一段收益，那么长阳线的确定意义就出来了，所以长阳线对于形态的突破及买点的确定是非常重要的。

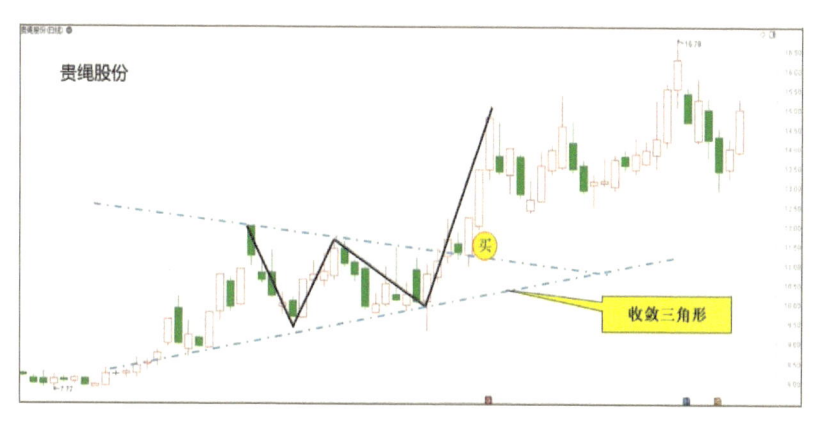

图 2-20 收敛三角形案例分析（一）

图 2-21 同样是一个收敛三角形，发生在反弹后相对高位的盘整区间，把反弹持续的低点连接形成下边线，把两次反弹高点连接形成上边线，就形成收敛三角形的形态。在位置①处有向上突破的可能，但是并没有形成长阳线突破，而是冲高回落形成的长上影十字星，因此这个地方买点不成立，不能进场，其后就算有冲高动作都没有出现有效突破的长阳线，所以都不作为买入时机。而在持续的盘整过程中压力增加，股价难以维系，在位置②出现下破下边线的情况，这时有持股的要考虑卖出。与突破不同，下破下边线是不需要长阴线确认的，震荡中主力不断高抛导致股价的弱势越来越明显，所以往下跌并不需要一下击穿，可以慢慢出局。因此，在形态中无论是下破颈线还是下破下边线都不需要出现长阴线确认，这和向上突破是完全不同的。

图 2-21　收敛三角形案例分析（二）

从图 2-22 中可以看到，在收敛三角形向下破下边线的时候，只要是有效跌破，就很难回来，所以不能拘泥于是不是长阴线。虽然是长阴线破位，但是具有一定的偶然性，不能和向上突破混淆。在很多图形或者 K 线组合中，上涨必须看长阳线，但下跌不一定。当然，长阴线具备反转趋势的功能，是需要跟踪的，但中期形态的下破则不一定，这是有区别的。

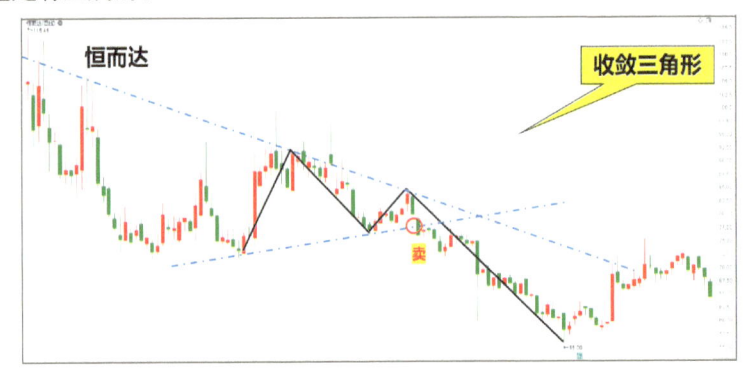

图 2-22　收敛三角形案例分析（三）

上升楔形和上升旗形

上升楔形和上升旗形（图 2-23）区别不大，甚至可以说非常小。上升楔形是收敛三角形的一部分，也就是收敛三角形还没有交叉和大幅度收拢的前一部分，如果上升楔形没有及时突破，无论是上涨突破还是下跌破位，最终都是收敛三角形。上升旗形和上升楔形唯一的区别是上升旗形的上边线和下边线是相对平行的，只是相对"规矩"的楔形，所以只要熟悉收敛三角形，就知道这两者只是变形而来，它们向上突破的买点实际和收敛三角形是一致的，都分为向上突破买点和回踩上边线买点。当然，跟踪长阳线突破是同一道理，所以多看图形并且掌握精髓，便可以举一反三，这就是决战长阳的奥秘。

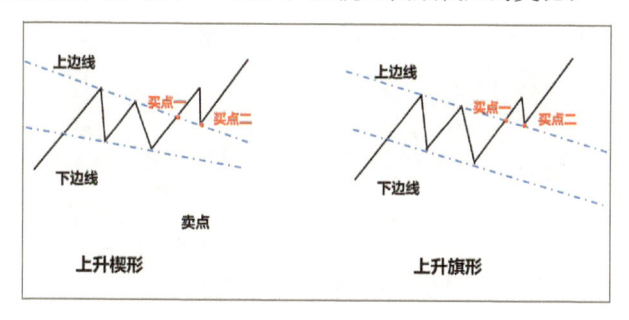

图 2-23　上升楔形和上升旗形模型

图 2-24 是一个标准的上升楔形形态，两个反弹高点连线构成了上边线，两三个回调低点的连线构成了下边线，这就形成了一个明显的楔形。股价在楔形中反复震荡，但走势形态逐步收窄，其实与收敛三角形的前半部分是一致的，股价在最后选择向上突破，并且是长阳线突破（圆圈标注位置）形成了买点。由于该股主力进攻欲望强烈，因此股价后期并不回踩上边线而直接向上进攻。

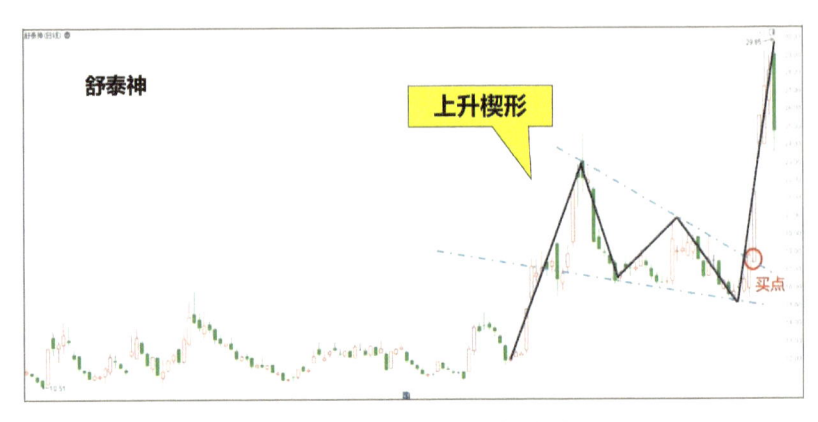

图 2-24　上升楔形案例分析（一）

从对图 2-25 的分析可以进一步看到，上升楔形是收敛三角形的前一段的判论比较明显。在第一圆圈的地方有突破，但这个地方的阳线力度并不够，很难成为足够的买入信号，最多只能尝试性建仓。在第二圆圈地方突破楔形后也不做回踩上边线的动作，反而拉出长阳线彻底摆脱楔形上边线，这显示主力的进攻欲望强烈，不想过多在下方区域纠缠。因此，这根长阳线具有确定突破楔形的信号作用，是一个追击点。

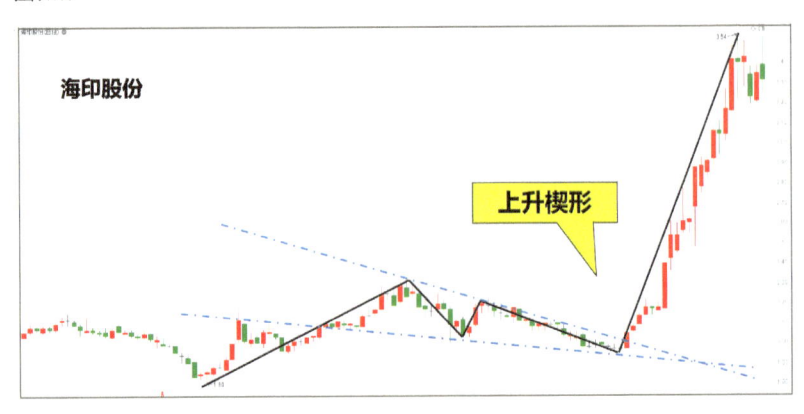

图 2-25　上升楔形案例分析（二）

如图2-26所示的主力在上升楔形的形态中就做得得心应手。在股价反弹起步的第一阶段有一个上升楔形，实际上也是收敛三角形的前端部分，在这个位置震荡一段时间后于位置①拉出长阳线突破，形成了位置①买点，随后股价小幅回落，回到上边线后形成位置②的买点，股价突破第一个上升楔形开始上涨。在上涨的半途继续拉升后洗盘形成第二个上升楔形。股价在这停留一段时间，清洗掉一些意志不坚定的散户。在盘整时间足够的时候，拉出一根长阳线突破上边线的压制，这是位置③的买点。出现位置③买点后股价开始短期调整，两天后回到上边线成了位置④的买点，回调达到了清洗短线跟风资金的作用，位置④之后开始继续拉升股价。在图2-26中，位置①和位置②是最佳买点，也不会因为楔形中间的盘整而举棋不定；位置③和位置④是追击加仓点，是为增加收益率而出现的空中加油机会。

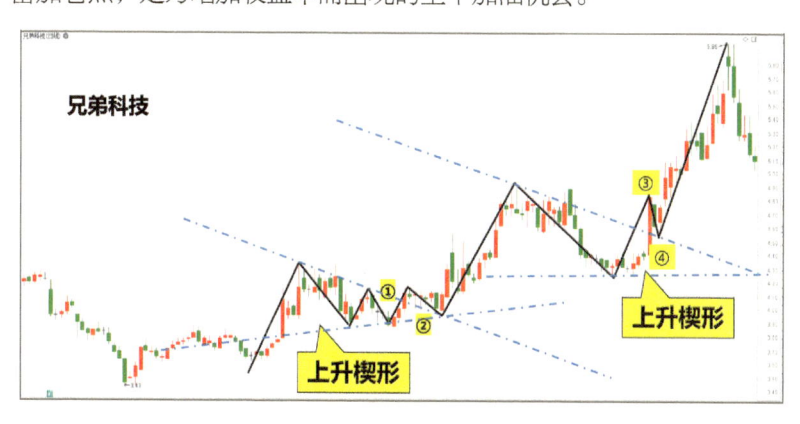

图2-26　上升楔形案例分析（三）

图2-27是一个标准的上升旗形，在第一波股价拉升后进入旗形整理的状态，上边线和下边线几乎是平行的，但是股价突破的原则和信号和收敛三角形及上升楔形是一样的，同样要看突破形态的K线以及回踩上边线形成的买点。这个案例中股价没有回踩上边线，所以没有买点。但突破上边线的K线是长阳线，这就决定了此买点也是最佳买点。

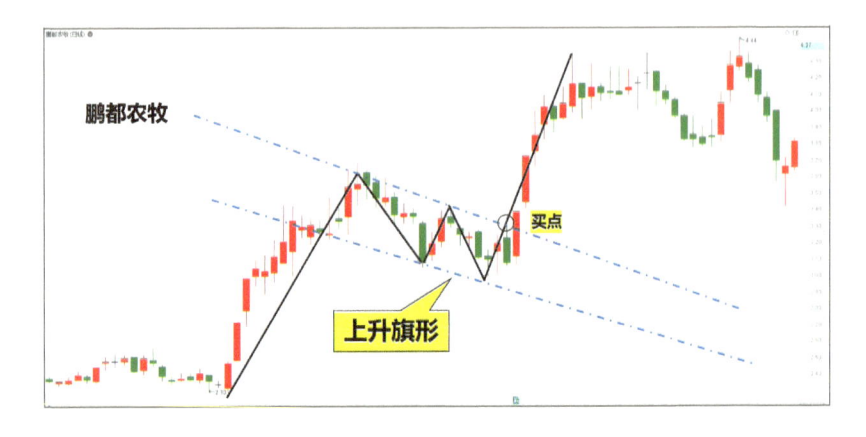

无论是何种三角形形态（包括楔形和旗形形态），最终向上突破的确认 K 线必须是长阳线。

图 2-27　上升旗形的案例分析

双 顶

双顶是股价见顶经常出现的形态（图2-28），由于形成的两个高点有点像英文字母大写的"M"，因此又叫作"M"头。通常来说，第二个顶峰时的成交量比第一个顶峰成交量小，所以后继乏力，最终转为跌势。在两个顶峰之间有一个回调后反弹形成的低点，这个低点平行连成一根直线便是颈线。一般在双头第二峰形成后开始下跌，在跌破颈线时往往还伴随着长阴线，这时要坚决出局；但有时会有股价小幅反弹再度接近颈线，这种回抽反弹到颈线的动作也是卖点，要坚决出局。

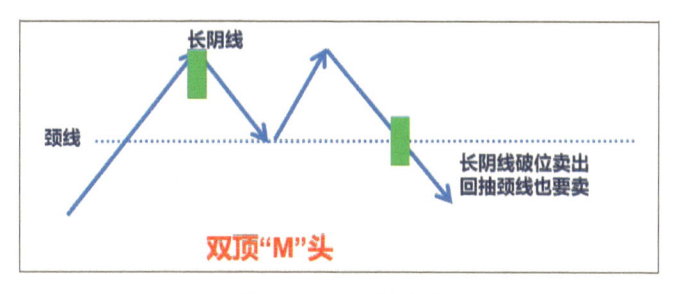

图 2-28　双顶模型图

从图2-29中可以看到，在股价见顶阶段出现两个非常明显的顶部，顶部的股价在同一水平位置，是比较典型的双顶形态。下方回调点位平行的横线形成颈线，可以看到在双顶第二个顶部形成回落后，下破颈线的是一根长阴线，这是非常明显的破位信号，应当立刻出局，形成第一卖点。其后股价有小幅反弹，反弹到颈线位置时，没有来得及出局的仓位应该全部卖出。

图 2-29 双顶案例分析

图 2-30 也是一个比较典型的双顶形态，而且与标准的模型图类似，在第一个顶峰时出了一根长阴线，随后股价下跌企稳后有一波反弹，反弹后高度达到与第一次波峰价格位置差不多的区域后开始回落，在第一次回调企稳反弹的位置连线形成颈线，在第二波峰下跌后跌破颈线形成卖点。人们可能会产生以下两个问题。

第一个，既然第一个波峰已经有长阴线形成，为什么不在这里卖，这里股价不是更高吗？有这个疑问是因为投资者已经看到了其后整个走势，但在形态没有形成前是无法预知未来的，在第一顶点位置无法确认是顶部，也不知道这个位置是否会形成双顶，而且不排除继续创出新高的可能，也许阴线只是一次洗盘，所以在第一峰顶不能够作出卖的决定。在股市中不能有卖在最高点和买在最低点的想法，偶然有卖在最高点或者买在最低点的情况出现，更多的是靠运气。在股市里追求合理的买卖点，获取中间的差价才是最重要的。

第二个，在跌破颈线的时候并不是长阴线，为何也要卖出？首先要明白，双顶形态一旦形成是极具杀伤力的，后期走势往往如银河落九天。不是一定看到长阴线破颈线才要卖出，凡是破了双顶形态的支撑颈线一定要小心，尽管有时一些个股也会再次拉升，走出三顶的形态（比较少见），但是跌破颈线一定要减仓。图 2-30 中跌破颈线的虽然不是长阴线，但也是连续两根中阴线，连续的短时间同方向 K 线可以看作一根 K 线，其实这相当于一根长阴线破位。接着再看后面的走势。一旦双顶形态走出，如果主力有要修复形态的想法，那么应该尽快收出中阳线甚至长阳线，但在图 2-30 中没有出现，而是用小阴线和小阳线的方式反弹到颈线附近。这说明主力已经无能为力，做多的能力逐步衰退，反弹力度不大，无法改变趋势，这时必须全部出局，避免重大损失。

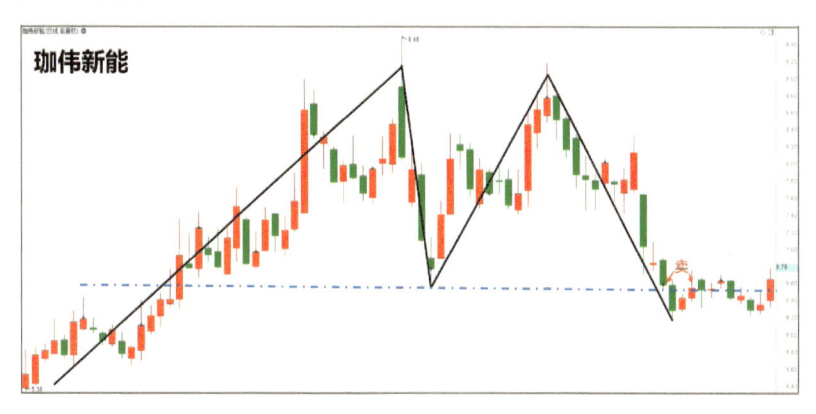

图 2-30 双顶形态案例分析（一）

图 2-31 也是一个很典型的双顶形态案例，有一波主升浪股价一路上行到长阴线，出现股价持续回落，形成一个顶部。股价回落后再度反弹到之前高度，之后再向下回调，形成一个明显的双顶形态。如果再度跌破在第一次回调价格位置形成的颈线的连线位置，要坚决出局。在出现长阴线下破颈线后反弹也是无力的，后面几天的弱势反弹都是出局的时间，一旦错过，后期股价将遭到腰斩。这个案例是完美的对称走势，股价从哪里上涨最后又跌回到哪里。可见，双顶形成后股价再回到之前的顶峰非常难，下跌破位后无论是补仓还是进场抄底，结果都不太好，所以一旦形成双顶就不要轻易进场抄底，除非后面长时间企稳后再出现反转信号。

图 2-31 双顶形态案例分析（二）

头肩顶形态

相比双顶的形态，头肩顶是更容易出现的一种头部形态（图2-32），2008年大熊市来临前的长阴线分析，就是非常典型的头肩顶形态。头肩顶形态对于逃顶来说是非常重要的形态。头肩顶形态的构成为：左边的高度形成左肩，在回调后形成一个低点继续反弹并创新高，形成了股价的最高点后开始回调，在回调到某个低点后继续反弹，形成右肩，连续两次回调的低点连线形成颈线。在右肩继续向下调整下破颈线的时候出现卖点，如果股价有小幅反弹回到颈线附近，则是第二卖点。

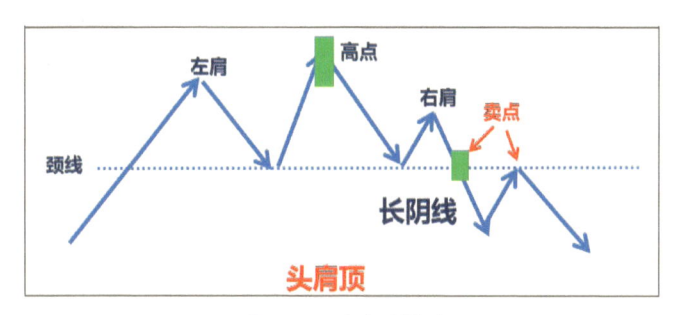

图 2-32　头肩顶模型

图2-33是一个比较标准的头肩顶形态，形成了明显的一个顶峰和两个肩部，在右肩形成后一路下跌下破两次回调低点形成的颈线，而且是长阴线下破。因此在下破颈线位置要出局，该股后期走势在破位后持续保持弱势，回到卖点要花费很长时间。此案例中，在下破颈线时没有出现股价反弹到颈线的动作，属于主力出局欲望很强，想尽快全部出局的形态。在头肩顶的形态中，右肩比左肩略低点，但并不是绝对的。

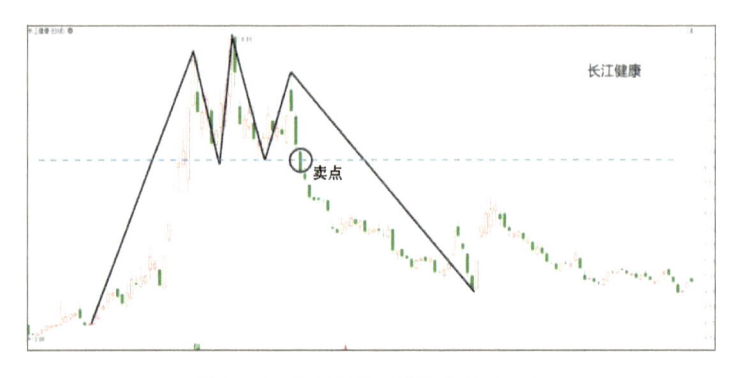

图 2-33　头肩顶形态案例分析（一）

图 2-34 也是一个比较标准的头肩顶形态，并且在第一个圆圈位置出现了长阴线下破颈线的走势，这是卖点一。随后股价小幅反弹摸了下颈线，这是卖点二，也是最后的逃命点。在这里提醒两点：一是右肩的高度可能低于左肩，也可能高于左肩，但不会高于中间最高的顶峰；二是下破颈线虽然是长阴线下破，肯定一个卖点，实际上可能不会是长阴线，这要看主力出局的欲望大小。有时是小阴线破位，但破了颈线就要减仓或者出局，不要等到破位长阴线出现再出局。

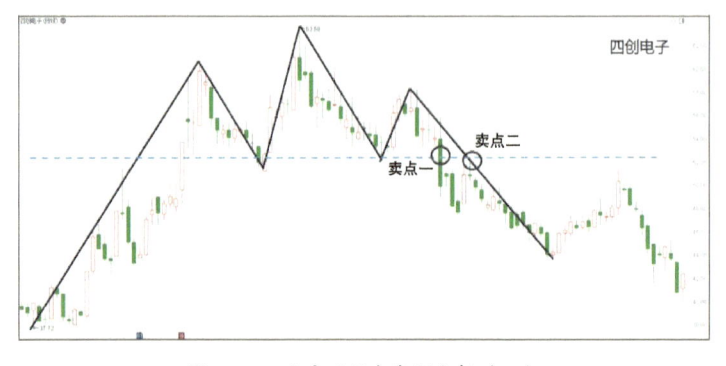

图 2-34　头肩顶形态案例分析（二）

虽然头肩顶是一个比较普遍的形态，而且和双头形态一样，一且形成，后期走势下跌的幅度通常比较大，如果投资者只是等着标准形态的出现，就有可能出现重大的失误。在实际运用中，主力会根据市场情况、资金情况以及热点变化等随时调整策略，所以形态会改变。为什么人们学会了看形态看模型，在实际操作中却经常出错，觉得不好用，其实这就是必须理解形态变形的原因。头肩顶有一种常见的变形，如图 2-35 所示，在拉出头部之后，其后的反弹高度并不高于第一次，也就是没有绝对的左肩出现。反弹高度越来越低，中间不会出现一个最高的头部顶点。这样必须把第一个高点当作头部顶点，其后的反弹都是右边肩部。每个回调低点连接起来作为一个颈线，在后面反弹回落中下破颈线，尤其出现长阴线破位时要卖出。如果后面反弹仍疲软，看不到长阳线的修复，那么反弹接近颈线也需要卖出。

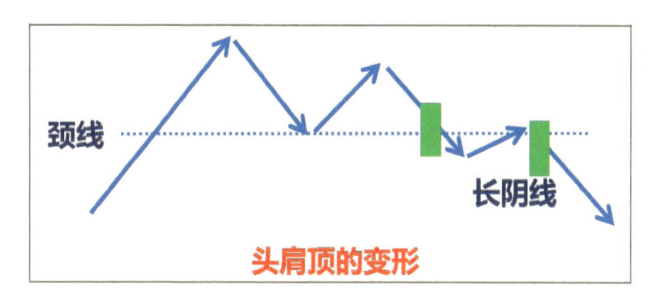

图 2-35　头肩顶变形模型

　　图 2-36 是一个头肩顶的变形，在第一个高度见顶后，每次反弹的高度都逐步降低，说明主力做多能力的衰退。在第一个回调形成的低点形成颈线，第二次反弹以及第三次反弹越来越弱，反弹高度越来越低，说明头肩顶形态越来越明显。因此，下破颈线的时候就是减仓出局的时候，并且在下破后再次反弹回到颈线附近都是减仓出局的卖点，一旦头肩顶形态形成，出现卖点还不卖，后期破位可能有大幅度下跌。

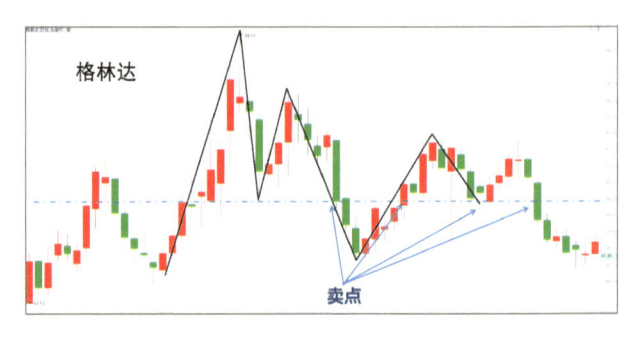

图 2-36　头肩顶变形形态案例分析

图 2-37 同样是一个头肩顶的变形状态，在顶部形成的时候，阳线众多显得还是比较强势，也没有明显的左肩出现，在顶部连续出现长阴线后，股价开始逐步转弱。由于前期股价比较强，市场参与的热情比较高，所以回调似乎并不猛烈，并且从波峰回调几个交易日又出现反弹，反弹的高度已经达不到顶峰时的高度，这就是一个变形，头部出现后没有左肩，而右肩逐步降低。其后股价出现长阴线，向下一直回调，并且跌破了顶峰回调后形成的颈线，这时候就是一个卖点。而其后股价的走势越来越弱，虽然有反弹但是没有长阳线出现，连颈线位置都难以反弹到。这时候无论等待多久都是无效反弹，只有出局才可以避免后面的连续性下跌。

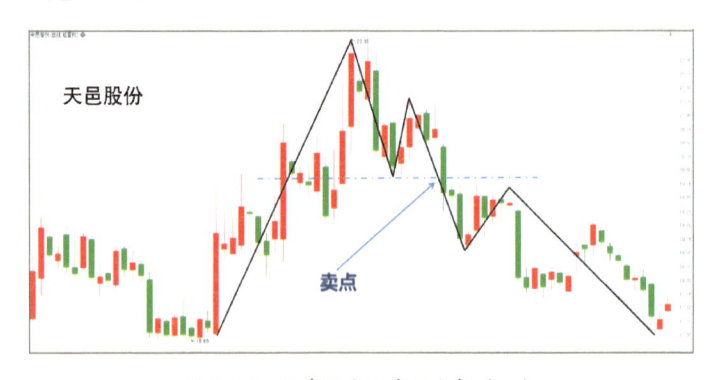

图 2-37　头肩顶变形案例分析（一）

图 2-38 也是头肩顶的一种变形，在第一个反弹高度最高的股价位置，后面连续的反弹高度都没有超过第一次波峰的高度，且反弹的高点逐步降低（这是股价动能衰退的迹象），最后跌破两次回调形成的颈线，且跌破颈线后短期无有力的反弹。该股就短期没有再参与的必要，股价也在破位后陷入长期的逐步下跌。

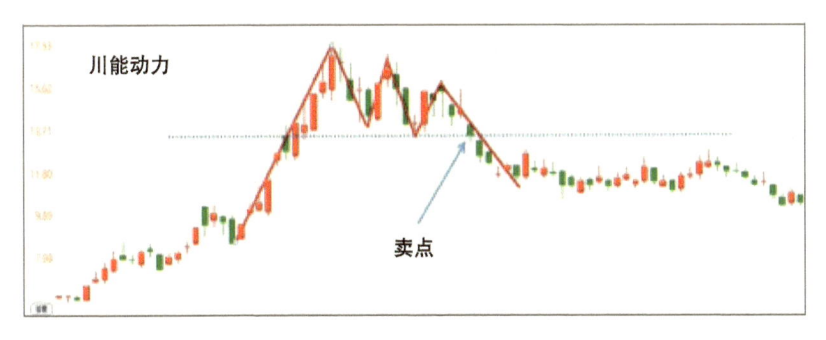

图 2-38　头肩顶变形案例分析（二）

三角形下破

无论是在股价形态的哪个区域，出现三角形下破是因为股价在震荡过程中逐步收窄。必须选择一个方向进行突破，向上突破就是三角形突破，向下破位就是三角形的下破。至于是下降三角形还是收敛三角形并不重要，下降三角形或许还有一次回抽下边线的机会，但仍以卖出为主。在三角形下破的形态中，如果下破下边线是长阴线，则形态确认更加明确，应予以出局（图 2-39）。

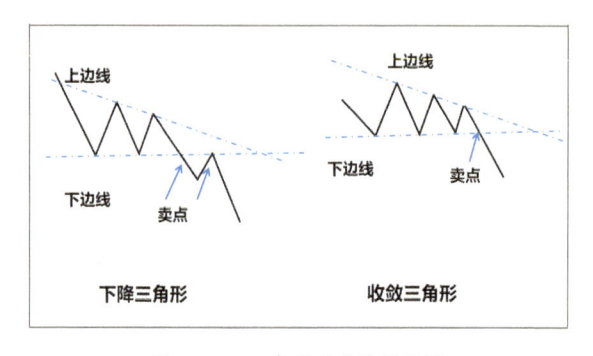

图 2-39 三角形下破的模型图

图 2-40 是一个比较标准的下降三角形，股价逐步收紧震荡，在震荡中阴线变多而阳线变少，阴线力度大而阳线力度小（这都是走弱的信号），最后下破下边线也是中阴线破位，这时候一定要卖出，避免进一步加大损失。

图 2-40　三角形下破案例分析

图 2-41 是收敛三角形的一个典型形态，股价在三角形中逐步收窄，但并没有寻求向上突破，最终是向下破位，在破位下边线时出现低开中阴线，两根阴线连起来形成破位的大级别阴线，需要减仓出局，第二天反弹无力延续下跌，坚决离场才可避免后期更大损失。

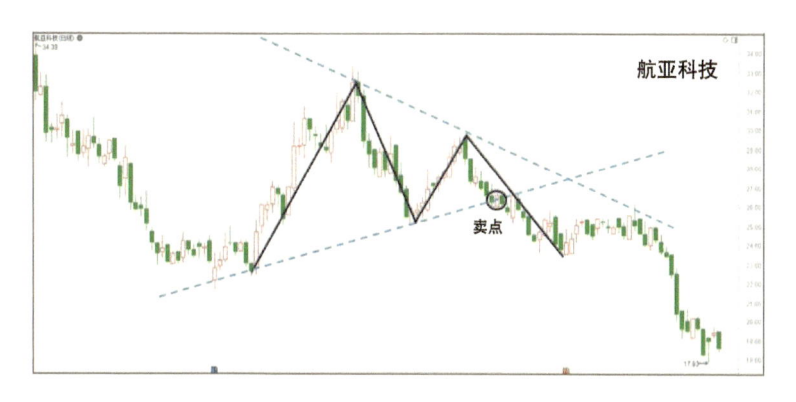

图 2-41　收敛三角形案例分析（一）

图 2-42 也是一个比较标准的收敛三角形形态，最终股价选择了向下破位，在向下破位时没有出现长阴线，甚至还有中阳的反弹，但是始终回不到下边线的上方。对于三角形下破（包括楔形及旗形），在

85

下破下边线的时候都是一个卖点。如果是长阴线，则更加确认形态。下跌中不能过分等待长阴线的出现，首先考虑资产的安全性。如果在下破后反弹力度很小，没有有力度的阳线出现，则要考虑减仓或全部出局。

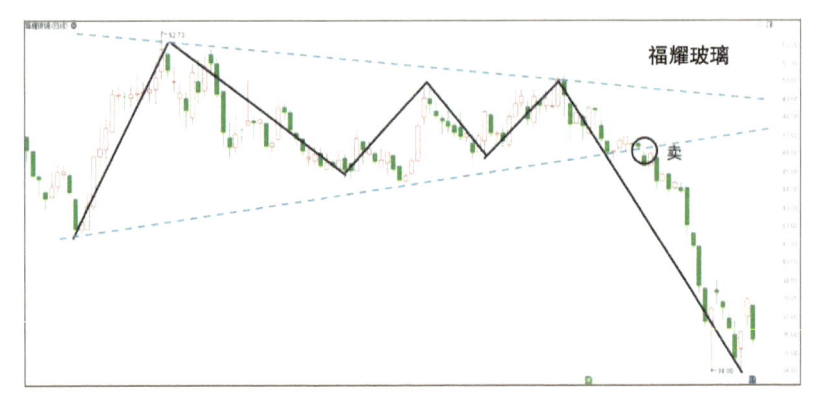

图 2-42　收敛三角形案例分析（二）

楔形与旗形下破

如同楔形突破和旗形突破，楔形下破和旗形下破本质上没有太大的改变，只是一个向上的方向选择，是一个确认方向选择（图2-43）。与三角形下破类似，在跌破下边线的时候需要减仓卖出，如果短期修复力度小，那么反弹到下边线附近要继续减仓或出局。

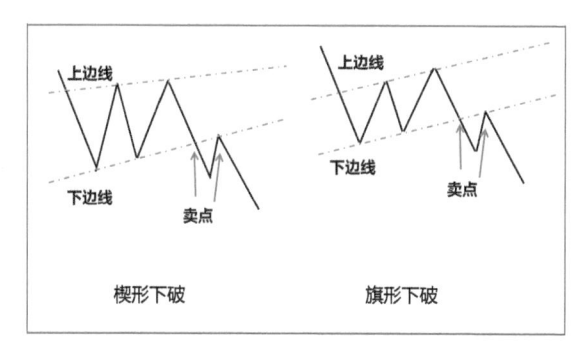

图2-43 楔形下破和旗形下破模型图

图2-44是一个比较典型的旗形形态下破，把上涨的反弹高点连接形成了上边线，把回调的低点连接形成了下边线，股价在旗形中反复震荡向上，最后乏力破位下行。在这个案例中需要思考一个问题：在虚线圆圈标出的位置也下破过下边线，为什么这个时候不是最好卖点，而实线圆圈才是卖点？虽然在第一个标注的地方有下破下边线动作，但是K线力度不强，第二天随即拉出长阳线返回旗形中，而在实线圆圈位置是连续阴线下破，合并三天看就是一根长阴线，并且后面两个交易日都是弱势星线，没有出现长阳线反转。说明趋势已经破坏，这时要坚决出局，避免后期大幅下跌的走势。

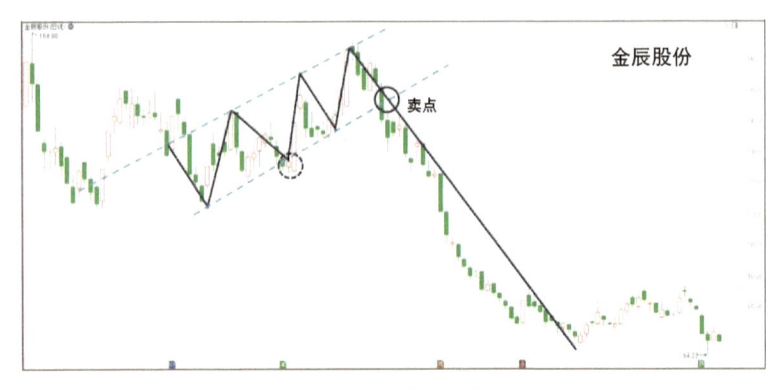

图 2-44 旗形形态下破案例分析

图 2-45 是一个楔形的下破形态，卖点在于最后下破下边线的长阴线，通过上述案例讲解这一点应该是比较清晰了。这个案例中股价在见顶走向破位的过程中并不是没有征兆，股价转弱前明显的标志是阴线频出而阳线减少，这充分说明主力出局的欲望强烈，破位长阴线只是一个确认的信号和一个明确的逃命点，所以看形态要学会总结，实战中才不会轻易地上当。

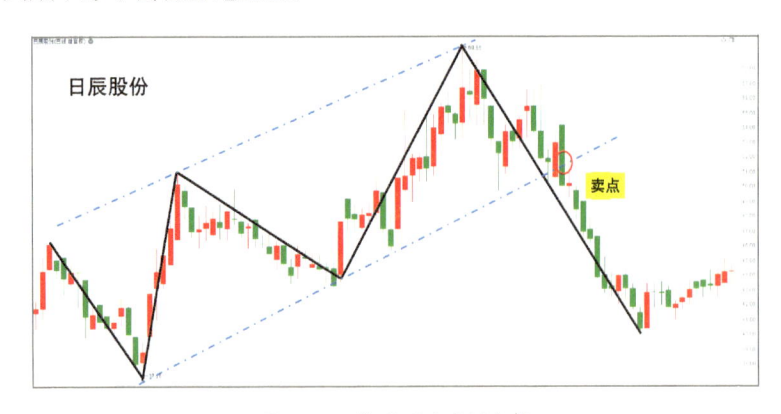

图 2-45 楔形下破案例分析

本章分析了最常出现和使用的形态，基本上每个案例都结合实战分析了一些技巧，但还是需要自己琢磨、总结和思考。当然，还有一些底部和顶部的形态，比如 V 形反转的底部和顶部，圆弧底和圆弧顶等，也有股票是这种形态，不过总体出现的概率相对比较少。在 V 形反转的底部和顶部必定有长阳线和长阴线作确认或者成为转势的标志，而在圆弧底和圆弧顶的形态中，只是花费的时间比较长，采取很多的星线做底部或者顶部，但最终向上突破或者向下下破，都必定有长阳线和长阴线做一个加速动作。普通投资者不可能跟主力一样可以买在最低位卖在最高位，在心态与计划上也不可能和主力一样得心应手，普通投资者根据信号，结合量价和形态，把握其中的一段差价就足够了。决战长阳教导的是把握转势的信号，这仍是本书的核心。

第三章 复利增长

复利增长的重要性

全球最出名的股神非巴菲特莫属，中国也有很多的拥趸，巴菲特的特点是挖掘上市公司的潜在价值并长期持有。当然，在中国也并不是没有这种情况，例如当年的万科，近几年的比亚迪、宁德时代等，也出现持有周期长并且大幅上涨的情况，这也成就了近些年的"赛道"论。但总体来看，中国股市长期持有并且可以带来持续盈利的公司仍是少之又少，这有多方面的原因，最重要的原因一个是股市的交易主体相差较大。美股的交易参与者基本上是机构，没有太多散户参与，这造成了大家对于价值体系的认同，美国的去散户过程也是花费了较长时间才形成。中国还是散户为主体的交易市场，这就让市场的不稳定性和情绪化大大增加，追涨杀跌以及片面地追求收益不看基本面或者技术面的情况较为普遍，过分的投机性导致市场容易出现不稳定，而缺乏对冲机制以及大小非解禁等因素也让市场的参与者不完全在同一起跑线上。

另一个原因是上市公司的垄断性缺乏。大部分上市公司只是在某个行业的产业链上具备一定的市场地位，然后上市融资，市场竞争相对比较多。很多公司把上市作为企业的"终点"而不是"中点"，这导致公司上市后很多出现业绩"变脸"，主业衰退甚至上市不久就退市或者卖壳等行为。由于缺乏在某个领域的垄断性，经常导致竞争加剧，产品的议价权减小，这样就很难保持业绩的连续增长，股价也就很难保持连续的上涨。从这个角度来看，与其说市场在挖掘"赛道"，不如说市场在寻找更高的垄断性公司。

巴菲特的收益如表 3-1 所示，从近十几年可以看到，巴菲特每年收益高的时候也不过 30%，低的时候几个点，偶尔还有年份亏损。这样的收益如果不是放在巴菲特身上，恐怕 A 股的投资者都是不以为意的。大部分人对这份收益表嗤之以鼻。在目前创业板和科创板都是

20cm "大长腿"的涨幅机制下,很多人觉得随便找只个股,一两个涨停就能达到,哪里需要一年的时间,何况收益才这么点,直到看到并确认这是巴菲特的收益时才沉默不语。A股的投资者通常绕不开面子问题,这个问题源自千百年来封建传统的沿袭,无对错之分,只是在实际投资中大部分人都会因为面子问题而有一些表现。例如,对于家人或者身边的朋友永远只描述自己如何参与和捕捉了某只大涨的个股,而对亏损的情况一概不提,有的自身账户亏损累累,但为了面子不愿提及,甚至会默默不断加仓导致市值更大程度的亏损。想着尽快挽回损失就易导致更多的错误决定,比如加杠杆或者割肉参与市场最激进的个股等措施,最终得到的结果可能就是失败。在学习任何技术和方法之前,打造投资体系最重要的一个前提条件是具有良好的投资心态,绝对不能想着暴富,也不能因为短暂的失败而怨天尤人,同时一定要搭建复利增长的预期目标。

表 3-1 巴菲特 20 年收益

年份	收益率(%)	年份	收益率(%)
2002	-3.8	2012	16.8
2003	15.8	2013	32.7
2004	4.3	2014	27
2005	0.8	2015	-12.5
2006	24.1	2016	23.4
2007	28.7	2017	21.9
2008	-31.8	2018	2.8
2009	2.7	2019	11
2010	21.4	2020	2.4
2011	-4.7	2021	29.6

巴菲特之所以能够成为股神,并不是因为投资中没有亏损和投资的高收益率,而是因为投资的稳定性。就整个巴菲特一生来看,平均

年化收益率也不到 20%，但是这中间有一个极其重要的概念——复利。以个股为例，假如以 10% 的涨停来计算，七个涨停市值就已经接近了 2 倍。

假如每年资产可以翻 1 倍，那么按照复利计算，资产将会超过 1000 倍，这几乎是一个无法想象的数字（图 3-1）。

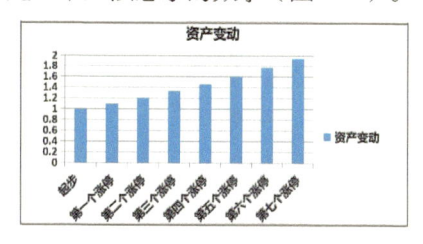

图 3-1　复利增长理论模型（一）

如果以复利的方式增长，那么其叠加的效果是惊人的（图 3-2 和图 3-3）。

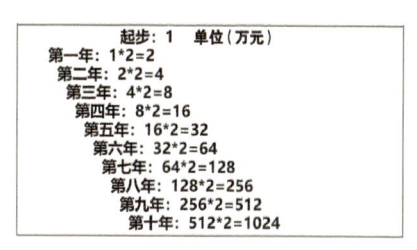

起步：1　　单位：万元
第一年：1*2=2
第二年：2*2=4
第三年：4*2=8
第四年：8*2=16
第五年：16*2=32
第六年：32*2=64
第七年：64*2=128
第八年：128*2=256
第九年：256*2=512
第十年：512*2=1024

图 3-2　复利增长理论计算图

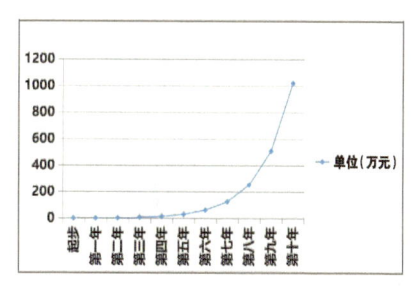

图 3-3　复利增长理论模型（二）

这只是理论上的模型，在股市中没有人能够做得到，但我们需要理解的是复利的价值。巴菲特以年化率不到20%的收益就已经是全球股神，而中国的很多投资者无法认同这一点，一方面认为股市就是迅速发财致富的地方，而且是暴利致富的场所；另一方面追求收益却忽略风险，追涨杀跌却不愿意在股市中进行真正的反思、学习和总结。有的投资者寻求专业的帮助（如购买基金），或者寻求专业投资顾问的帮助，但是往往计较在某只个股或者短期的涨跌上，无法从一个更长期的时间考量或者无法理解一套体系的使用，短视且又想速成是摆在普通投资者面前的一个现实问题。

实际上，如果把一个目标分拆来看，就不会那么困难。比如，假定每个月的收益只需要达到2%，这是可以实现的目标，但是复利计算下来仍然是一份超越巴菲特收益的成绩单（图3-4）。

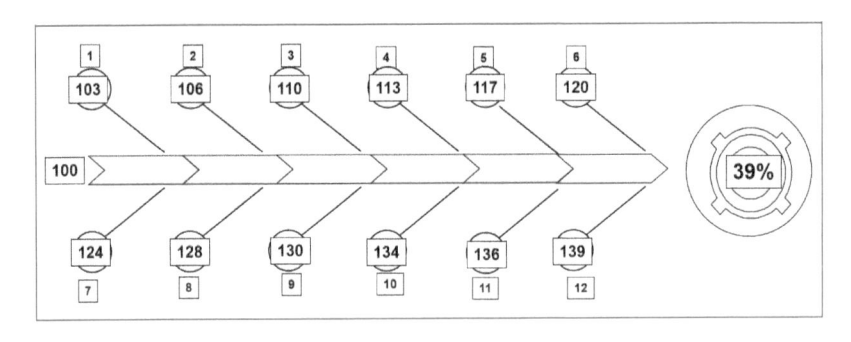

图3-4 复利收益分拆模型

假如每个月以2%的复利增长，那么一年最后的收益率将达到39%，如果能每年保持这个收益，那么在长久的投资中按30年计算（巴菲特90多岁还在不停地研究和投资），这个收益将是惊人的。

如果按照30年计算，那么资产将达到2500倍以上（图3-5），而这个分拆的目标并不是遥不可及。巴菲特的核心是稳定的复利增长，凭此就能够掌握世界最大、最有名的基金。

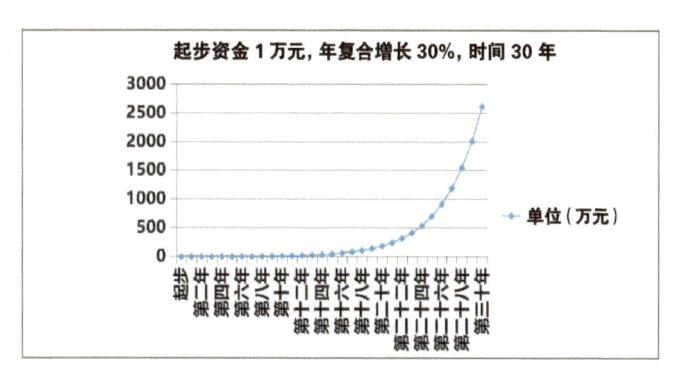

图 3-5　复利增长 30 年理论

复利才是投资者需要追求的，而不是绝对收益，投资股市是一个长期过程，稳定的复利增长才是投资者追求的目标。可以采用不同方法，但结果必须一致。这种复利追求更适用于中国的投资者，因为只有明确这个目标，才能摒弃追求暴涨暴跌的快感，才能脚踏实地地去研究和跟踪，去学习和改进。

要做好复利投资，就必须克服短视的目光以及过分在乎短期涨跌的散户心理，懂得寻求风险和收益最平衡或者最有可能盈利的投资方式。普通投资者在理论上有模有样，但是在实际操作中经常犯一些比较低级的错误，而这些错误基本都来自自身投资心理的误区。

很多投资者在操作个股的时候，选择业绩最好的、市盈率低的个股，在业绩和估值的范畴里将自己框住。但价值的挖掘并不是盯住业绩最好的或者市盈率最低的个股，价值的核心在于成长性。会出现只看业绩结果，个股一直不涨，尤其在一些传统蓝筹身上，机构持仓抱团比较多。市场的短期资金不会选择这样的个股进行操作，所以这些股票在一个周期内可能股价不涨反跌，这就是差异化行情。近两年来，差异化结构越来越严重，展现出指数涨幅有限，热点却此起彼伏，赚钱效应集中在热点波段上，蓝筹缺乏生机等现象。2021—2022 年，业绩好的医药、机械等板块出现较大的回落，但这些行业中不乏业绩好、估值低的板块,所以在中国股市是需要顺势而为的,不能拘泥固定在某个模式下。

格力电器(图3-6)在60元的价格仍只有30倍不到的市盈率,还拥有"白电龙头"的光环,但是在近两年股价一路下跌至30元,被市场无情腰斩,市盈率也动态变为10倍以下。单纯从市盈率和业绩来考虑也会产生较大的损失,而从30元回到60元需要翻倍,这并不是一朝一夕就可以实现的。尽管巴菲特的理论是价值投资,但是很多人忽略巴菲特的"在价格适当的位置买入",实际上是需要一种逆市场的心理和行为。从市场可以发现股票的价值,买点却是更重要的。

图3-6　业绩论的弊端案例

中国平安(图3-7)在90元的时候市盈率不到30倍,与很多其他行业对比估值也不算高,何况其还是保险行业的龙头,这让崇尚价值投资的投资者很容易作出买入并长期持有的决定。但是,股价在近两年被市场无情地打了四折,要恢复到前期高度将是长期的过程。在买入个股的时候,不能以龙头 + 市盈率低单纯地来作出买入的判断,还需要更多地考虑政策、行业、盈利模式以及资金的流向等。

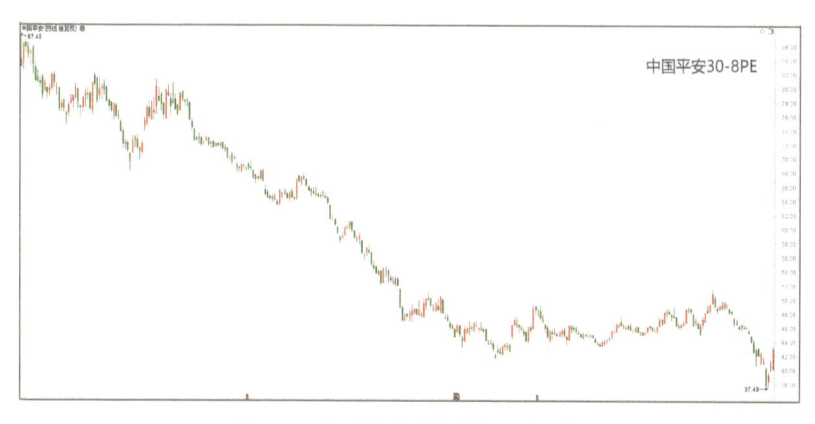

图 3-7　市盈率论的弊端案例（一）

天齐锂业（图 3-8）按照一般的价值投资逻辑，恐怕很难入得了投资者的"法眼"，在 2021 年以前持续亏损，市盈率为负数。但是，新能源汽车浪潮席卷而来，对上游锂能的需求暴增，而我国的锂能产能不足，从世界占比来看也不高，因此天齐锂业拥有锂能的优势得到资金的认可，股价两三年就从不足 20 元涨到 140 元，翻了 7 倍有余。

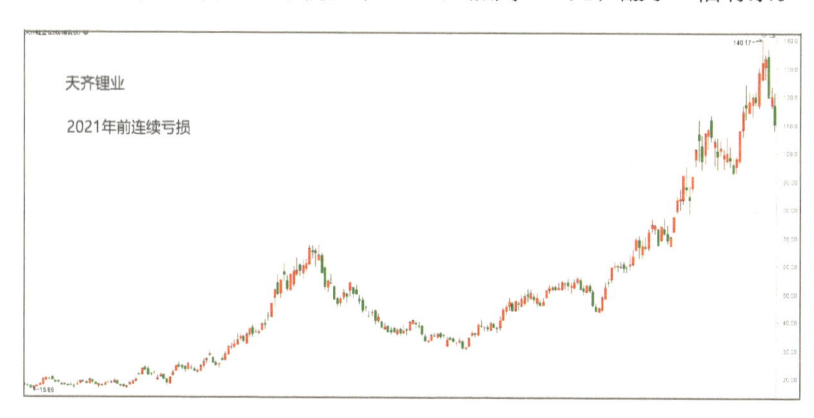

图 3-8　市盈率论的弊端案例（二）

在汽车行业中，与其他公司相比，比亚迪（图3-9）的估值历来不低，在2008年前比亚迪估值也不低，但那时业绩并不优秀，并不是所有人都具有巴菲特的眼光。2019年比亚迪的股价还在40元左右，对比同行业市盈率和股价都比较高。一般的投资者用价值投资来衡量，必然得出市盈率太高、股价太高、业绩不行的结论。2019—2021年，比亚迪的股价从40多元上涨到300多元，翻了8倍有余，一路上涨，市盈率也从100倍到两三百倍。投资者也是以价值投资的理念来否定，股价却在一路上涨，这是理念上的一种洗礼。

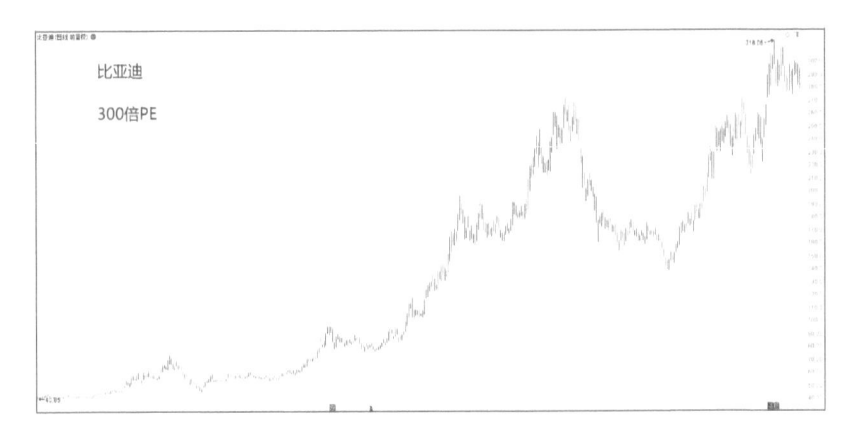

图3-9 业绩论的弊端案例

不求买在最低点

有些投资者总希望在低位买个股，稍微涨高就不愿意买。这种投资者会犯两个致命的错误。第一个致命错误是容易去做左侧交易。方式有两种：一种是看到某只个股出现长阴线杀跌，就觉得是"抄底机会"，结果抄底不成反而被套，而且大多数是在比较高的位置买；另一种是片面地去看股价的下跌绝对数，如一只个股从10元跌到5元，就认为已经"腰斩"，股价已经安全。往往一个很小的反弹就能够让投资者认为股价"企稳反转"不下跌，作出买入决定。其后可能还在下跌，比如跌到2.5元，对于10元来说下跌幅度是70%多，但是对于5元进场的投资者来说，亏损幅度是50%。股价计算的是幅度，而不是绝对价格，没有绝对低价，这两种方式都很容易造成投资者的较大亏损。第二个致命错误是只要股价涨了，就觉得太高，不再愿意进场。投资者在看到前期比较强势的个股回调后，本应该是买入机会，就是说服不了自己，总觉得该股当时从那么低的位置启动，自己最好也能在低位去买。就这样犹豫不决，真跌了一点沾沾自喜还继续等，一涨了又后悔低位没买又在等，最后彻底没有参与。然后股价开始上涨，一段时间后，投资者实在熬不住又可能高位追进，以为还要再涨。这就是节奏的完全错误，最后的结果也不会很好。

2020—2021年，光伏行业的发展对上游硅料的需求越来越强劲，这让合盛硅业（图3-10）的股价从20多元涨到50多元，实现了股价的翻倍。对于很多投资者来说，这样的高度有点望而生畏。但是，股价在合盛硅业经过一段时间盘整后又开始突破，短时间内从50元上涨到250元以上，即便股价从50元开始算，也再翻了5倍，而恐高的投资者基本只能目送该股一路上涨。

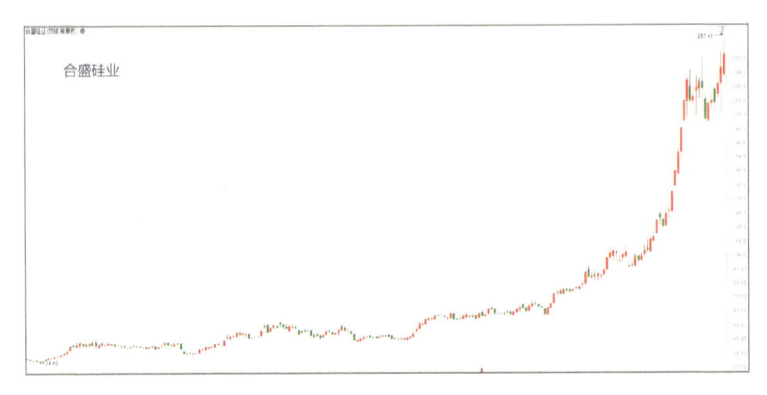

图 3-10 片面追求低位的案例（一）

同样如此，光伏发展必定让光伏电池以及逆变器等出现需求的爆发。金辰股份（图 3-11）在这一块具备优势，股价也从 2019 年的 20 元上涨到 2021 年的 40 元，股价已经翻了 1 倍，但是，经过长时间的盘整，最终选择突破压力区继续向上，股价还能从 40 元左右上涨到 200 元，继续翻了 5 倍。所以不应该片面地看股价从一个很低点起来的涨幅，而是应该考虑从上而下的逻辑。我们在学习"决战长阳"的时候，必须围绕两点：一是自上而下的逻辑到板块（这是前提和根本），二是从复盘到个股到买卖点，只有两者紧密结合，才能够有效地把握市场机会。

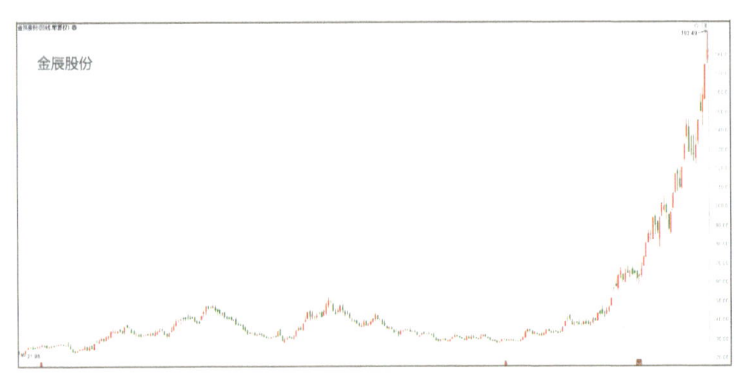

图 3-11 片面追求低位的案例（二）

对于偏好中短线的投资者来说，在选择个股时只要逻辑和方法正确，就不用担心其他的利空因素。应关注两点，如图3-12所示。

图3-12 关注两点即可

中短期的最大不确定性因素是特殊的时间窗口，很多投资者在选择个股的时候会过多考虑业绩问题，如业绩要上涨的、市盈率要低的、不能是亏损的等。实际上，市场上很多上涨较多的个股并不会存在上述两个特征。但当概念到来，资金进场炒作时，跟业绩和市盈率没有关系，就算股价翻倍，业绩也不会有体现，市盈率更是越来越高。选择短期的资金偏好个股，不应该过多关注业绩，需要看的是不要在业绩公告的窗口期，避免踩到业绩地雷，此外看短期有没有解禁。如果在近期有业绩公告，公司业绩不好或者有下降的趋势就要回避。如果短期有解禁，理论上也应该谨慎地予以回避。

对于短线的择股来说，恐高和总想买在最低点是需要克服的最大心理障碍（图3-13），不求买在最低点才是好的买卖心态。

图3-13 股市投资恐高症

克服买股不回头

买过的股票坚决不回头也是散户操作中难以克服的心理状态，这是一种人类心理学，需要一定自我激励突破。从心理角度来说，大部分个股要回头都是因为股价还在持续上涨中，自己在上涨过程中要么被清洗出去要么短期止盈，相当于要继续买回来价格是高于之前卖出的价格的，这在心理上很难接受。因此，可能会出现在一直持续上涨的个股中只是参与了很小一段的情况，错失更大的一段收益。根据逻辑和资金的走向，以及K线组合和形态的变化，是要学会"反复操作"与明白"千金难买牛回头"的道理。

如图3-14所示，股价在4元上涨到24元的过程中，出现了数次的各种买入模型，但是如果在中途卖出，即便后面再出现买入模型或信号，人们也很难接受卖出的个股还在上涨。如果比当时卖出价格更高的价格再买入，又担心自己再进场会买在高位。这样形成了双重心理压力，很难做出再进场的决定。这就可能出现在该股上赚一点随后就不敢再回头，从而看着股价一路上涨最终翻倍，错失了主升浪的情况。

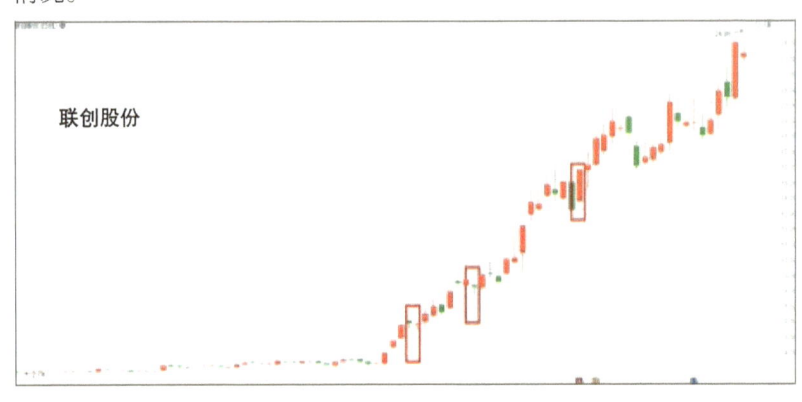

图3-14 "千金难买牛回头"理论案例

图 3-15 所示的案例也是如此，在股价突破之前，经历了长时间的横盘整理，主力经过这么长时间的蛰伏，必定志在高远，在突破平台后（长阳线涨停突破）开始逐步上攻，发出了一个买入模型，有投资者可能会在前期获取一些利润，可是一旦股价开始继续横盘或者出现小幅调整，就匆忙出局，半路下车。其后股价开始拉出主升浪的时候几乎很少停留，直接翻 2 倍，让当初卖出的客户望股兴叹。在拉升过程中并不是没有回头机会，至少有两次明确的买入模型出现，这时候敢于再进场的是少数，所谓的"千金难买牛回头"便是如此（图 3-16）。

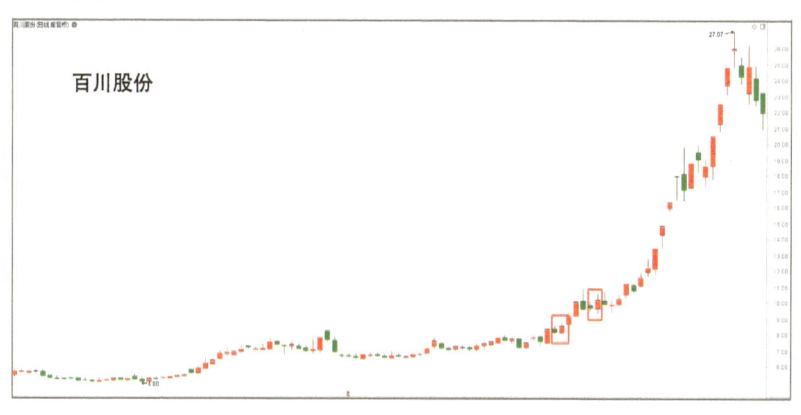

图 3-15　"千金难买牛回头"案例分析

千金难买牛回头

拥有成本优势可持有或反复波段操作
龙头个股可回头操作　浪子回头金不换

图 3-16　"千金难买牛回头"理论

从操作的思维模式来看，决战长阳的方法是自上而下的。首先是明确上层逻辑，通过对政策的解读找到扶持的行业和发展的前景，也就是所谓的赛道；其次通过复盘找到资金短期参与流入的行业，再通过复盘方式结合各种买入模型找到合适的标的，并用科学的买卖方法做好风控。这将是后期我们学习一些实战模型始终贯彻的思路。

既然是在股市中操作，风险控制和买卖方法就是最终落实到实操必须面对的问题。收益和风险永远是天平的两端，而股市相对来说是一个风险较高的市场，必须要时刻提醒自己的一个问题是风险控制，在任何时候都忌满仓运行，市场永远充满变数，这里涉及的知识是仓位控制和买卖点方法。

对于仓位控制来说，有一个理念是市场比较多且容易被误读的，那就是"不把鸡蛋放在同一个篮子里"，想着天空东边不亮西边亮。从实际情况来看，会导致一种情况出现，那就是自己多少资金不管，买了一大堆股票，结果几乎每天都是涨一些跌一些，此消彼长，盈利不高。而一旦指数出现下跌幅度较大的时候，往往又全线下挫，造成资产的整体损失，对于分散投资是一种片面的误解。实际上作为普通投资者而言，跟市场上公募基金以及私募基金相比，还是资金量较小的弱势力量，所以不需要像公募基金那样将投资品种分得很散。对于中国大部分普通投资者来说，不过多分散资金，而是相对集中在两三只个股上，积累自己的利润，以实现复利增长为目标，采取轮动的操作，才是最适合的投资策略。适度的集中比过度的分散更为有效，风险控制可以通过仓位的浮动来控制，而不是通过买上一大堆个股就认为控制了风险。

要保持相对的集中，应该集中在哪些个股上？这就要进一步了解决战长阳的精髓：自上而下，逻辑先行，资金为王，强者恒强（图3-17）。

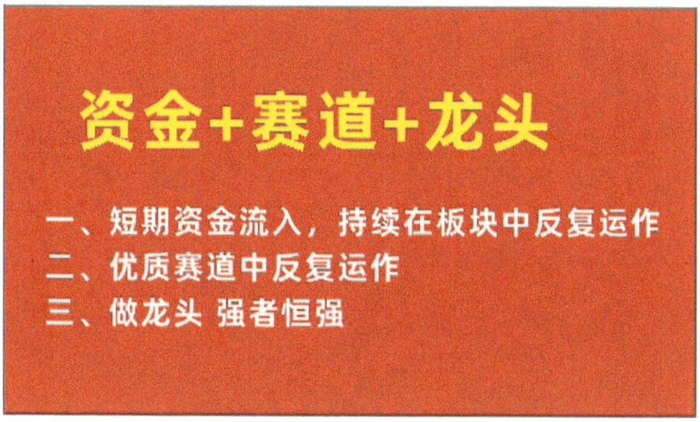

> **资金+赛道+龙头**
>
> 一、短期资金流入，持续在板块中反复运作
> 二、优质赛道中反复运作
> 三、做龙头 强者恒强

图3-17 持股集中关注要点

股市和政策的关联度比较高，所以市场有时称为"政策市"。高层管理和引导股市的手段越来越高明，近些年已经很少通过利用印花税的调整等直接的手段来干预股市，更多的是通过货币政策来进行引导，所以股市和GDP的关联程度并不高，这就和"股市是经济的晴雨表"的说法并不相同。从中国股市几十年的发展变化来看，跟货币政策的关联度更高，也就是说管理层通常通过利率、存款准备金率来进行股市的引导，而逐步减少利用税率、契税等强制性工具来进行干预，这是越来越市场化和高明的做法。

从图3-18中可以看到，在行情加息或提高存款准备金的货币政策出台后，指数在后期以逐步下跌为主，而在降息或者降低存款准备金率的时候，往往是行情非常低迷、市场缺乏信心的时候，其后行情开始逐步走出底部。近些年货币政策工具的使用越来越娴熟，动用利率的次数已经大为减少，更多地采用存款准备金率以及中期借贷便利（MLF）进行市场资金的调节。

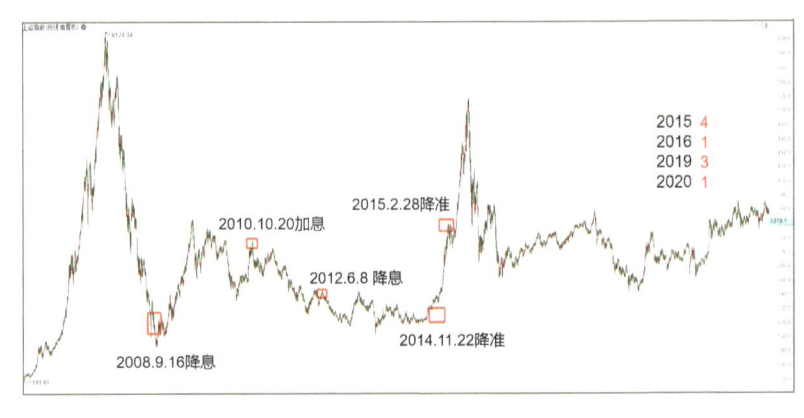

图 3-18 股市与货币政策关系

在确定市场整体资金面是偏向宽松的情况下,决战长阳要做的就是自上而下,寻找逻辑。首先通过研究国家的产业政策,找到国家扶持的行业,也就是所谓的"赛道",这就是按照政策指引的方式自上而下,确定"赛道"就是确定行业的生命力,确定市场的"风口",这样在大方向上不会犯错误,甚至可以做到"在风口上,猪都能飞"。确定了政策为导向的行业选择,下一步要确定资金近期在偏好什么行业。因为随着股市不断地扩容,市场的资金有限,不可能让所有的行业都上涨,所以热点的上涨往往是轮动的。这种轮动由资金说了算,那么又如何找到资金的痕迹,探寻近期资金在哪些板块中炒作?这就需要复盘。

高效复盘方法

复盘看上去是一个颇为高深和神秘的事情,似乎要用很多时间和精力,要有很多研究的办法才可以做到。一些所谓的"大师"表示,每天都要看市场所有的个股来复盘寻找标的。这种言论放在十几年前还有可能,两市也就那么些标的。可是随着市场不断地扩容,中小板、创业板、科创板、北交所等不断上新,个股的数量达到了5000只左右,而且数量还会不断上涨,这么多个股每天看上一遍都要花费很长时间。而且市场的差异化越来越明显,近三年每一年基本都在300点的空间里反复震荡,热点也是反复轮动。2015年市场去杠杆化后,指数很难出现单边的牛市或者熊市,因此市场的特征是在大部分时间里二八分化,在一个周期里能够连续上涨的个股只占二成左右,何必一直追踪那些不怎么动的个股呢。

当然,复盘是必要的。对于一个优秀的操盘手来说,只有复盘才可以做到图3-19中的几点。

图3-19 复盘的作用

既然决战长阳是以长阳线为研究对象,那么就围绕当天的涨停来进行复盘。运用简单的工具就可以做到每天复盘,下面以图3-20为例来解释如何做到简捷高效的复盘。

8月31日		9月1日		9月2日		9月3日		9月6日		9月7日		9月8日	
川金诺	化工	新城市	基建	力量股份	风电	中环海陆	风电	美迪西	医药	奥克股份	化工	中青宝	元宇宙
沧州大化		中国中铁		大金重工		海得控制		通策医疗		英力特		当虹科技	
湖北宜化		厦工股份	工程机械	金风科技		华能国际	电力	天坛生物		川发龙蟒		金运激光	
中化国际		中联重科		东方电气		甘肃电投		亚宝药业		金牛化工		视觉中国	
鲁北化工		徐工机械		日月股份		吉电股份		中闽能源	风电	山东海化		恺英网络	
永清环保	环保	三一重工		提江股份		豫能控股		神力股份		中盐化工		歌尔股份	
玉禾田		浙商证券	证券期货	天顺风能		城建发展		内蒙华电	电力	三美股份		京能电力	电力
南大环境		中信建投		明阳智能		中关村		甘肃电投		醋化股份		黔源电力	
京蓝科技		瑞达期货		启迪设计	光伏	京投发展		上海电力		皖维高新		粤水电	
中材节能		迎驾贡酒	白酒	东旭蓝天		电子城		黔源电力		世龙实业		上海电力	
清新环境		三七互娱	游戏	金晶科技		纳尔股份		广州发展		沈阳化工		长源电力	
东方园林		完美世界		爱康科技		鼎汉技术	三板精选	中关村	创投	云天化		杭州热电	
陕西煤业	色钢铁煤	电魂网络		森特股份		东方电子		京投发展		红宝丽		通宝能源	
昊华能源		四方股份	电气设备	福莱特		创元科技		纳尔股份		华软科技		宁波能源	
郑煤机		沪宁股份	电梯	亚玛顿		恒生电子	证券软件	创元科技		当升科技	锂电池	华银电力	
半钢板材		快意电梯		通威股份		易联众	软件	国机通用	锂电池	红星发展		东方电气	
山煤国际		保利新	锂电池	乙利节能		世纪瑞尔		东方钽业		石大胜华		中闽能源	
宏达股份		四川双马	水泥	上机数控		精功科技	光伏	诺德股份		江苏国泰		云维股份	煤炭有色
海南矿业		华新水泥		汉嘉设计		东阳光		首华燃气	天然气	湘潭电化		云铝股份	
包钢股份		合肥城建	房地产	中国交建		诚志股份		云南能投		露笑科技		华峰铝业	
江特电机	锂电池	中天金融		中国化学		万胜智能	其他	新天然气		诺德股份		山西焦化	
融捷股份		创业黑马	其他	中信重工		荣科科技		海默科技	石油石化	云维股份	色煤炭钢	蓝焰控股	
西藏矿业		兴齐眼药		安源煤业	煤炭有色	广博股份		石化机械		闽发铝业		宁波富邦	
北方稀土	稀土永磁	华鹏飞		山西焦煤		深赛格		中曼石油		云煤能源		冀中能源	
四方股份	电气设备	台海核电		平煤股份		北京科锐		上海石化		云海金属		宏达新材	化工
尖峰集团	水泥	日久光电		海联讯	电力	锦江酒店		德马科技		鞍钢股份		苏盐井神	

图 3-20　复盘表案例

用 Excel 表格来制作高效的复盘表，第一行用日期表示时间，用红色和绿色表示当天行情的涨跌（一般以沪指为准），每天根据收盘后数据，将当天涨停的个股按照概念进行分类，这就是一份简单而高效的复盘表。

那么，怎么利用这一份复盘表？首先需要观察在复盘表近期连续都有表现的概念或者行业，如在两周内集中在锂电池、电力和化工板块中，这说明一个较短的周期内资金在这些板块比较活跃，而资金在炒作具备连续性的时候是不可能在一两天全身而退的，为了获取更多的利润，往往会进行连续的炒作。我们在看到资金炒作的路线板块后，应再对其中个股进行复盘，利用一些买入模型进行甄别，选择这些标的进行操作。

如图 3-21 所示的化工板块中可以复盘到湖北宜化这只个股，从走势来看，在底部突破盘整的时候出现过决战长阳的“王者荣耀”模型，之后一路整理又形成“神龙摆尾”模型，并且在突破空中整理平台的时候同样是长阳线涨停突破，这一天必定在复盘表中出现。可以看到资金在化工板块中连续有炒作，短期走势明显强于指数，从红框复盘表中当日涨停之后，股价也从 18 元左右上涨到 28 元左右，短期的涨幅也很高。

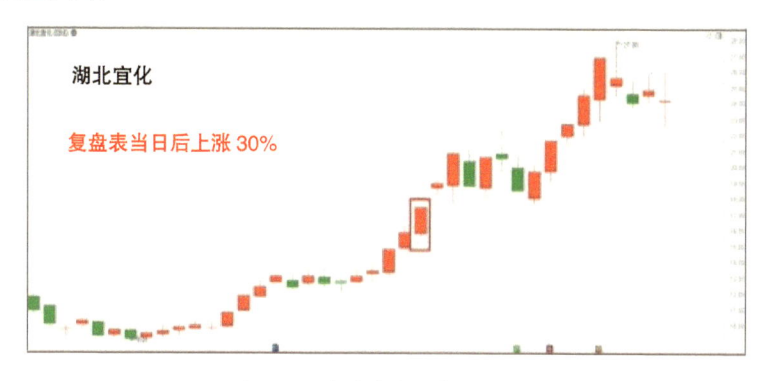

图 3-21　复盘表应用案例（一）

用完全一样的逻辑还可以看到化工板块的三美股份（图 3-22），从复盘当日涨停突破后也是连续上涨，甚至在之后还连续出现涨停，形成了决战长阳的"双剑合璧"模型，也就是说实际还能有新的高度，最终三美股份在这一波的上涨中股价最高 42 元。而主力炒作化工板块的原因是当时周期性个股在国家双控的背景下供需关系失衡，化工品二级市场价格不断上涨，化工行业业绩普遍出现大幅增长，这种自上而下的逻辑决定了当时的市场资金愿意在化工板块中反复运作。

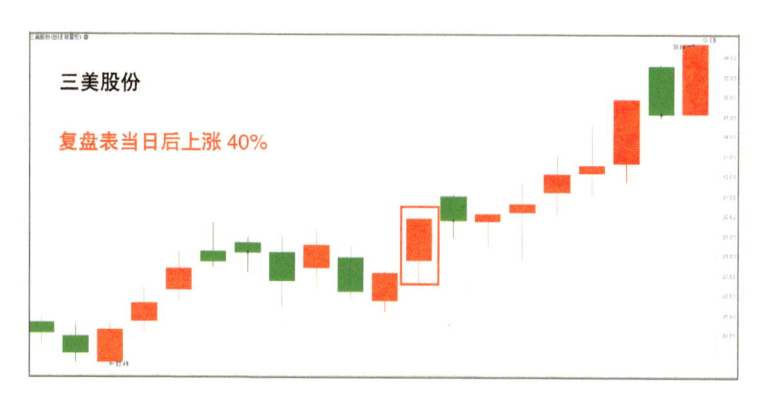

图 3-22　复盘表应用案例（二）

按照同一个思路，先按照自上而下的逻辑思考，在复盘表中锂电池概念为什么会持续出现。新能源汽车发展迅速，预计市占率在2035年要达到20%，而当时新能源汽车的市占率只有10%左右，市场的前景是明确的。而新能源汽车产量也在不断提升，最利好的是上游的锂能。江特电机介入了锂能资源，由以生产电机为主的企业变成锂能概念个股，业绩同时水涨船高，这给了主力炒作的足够动力。从图3-23中看到，在方框复盘表标明的当日之前，实际上江特电机屡屡有涨停，并且频繁出现在复盘表中，尤其是在方框之前的那一个涨停之后出现明显的决战长阳战法模型的"落英缤纷"模型，只是因为截图的时间问题，才标明了后面一个涨停。但即便如此，复盘表标明，当日股价从25元左右短期上涨到32元左右。

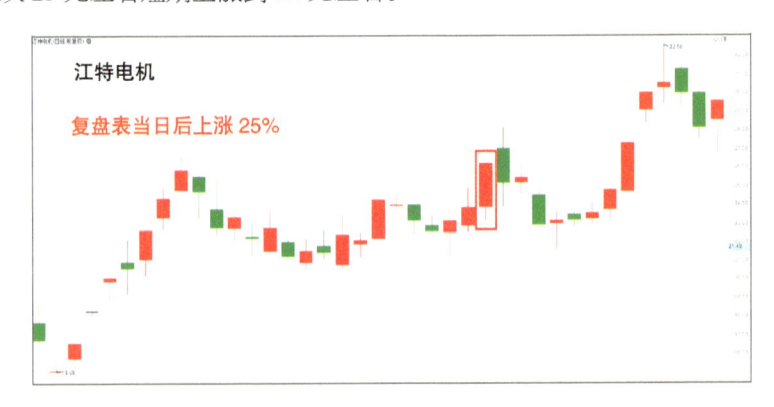

图3-23 复盘表应用案例（三）

同理，看复盘标的诺德股份（图3-24）也就顺理成章了。同样是锂电池的逻辑，虽然没有锂能相关的概念那么强劲，也没有电解液那样需求大幅增加，但作为锂电池中不可或缺的铜箔，诺德股份是市场的龙头，自上而下的逻辑是不会错的。从图3-24中可以看到，在标明的复盘日前，实际上该股早就走势强劲，屡屡出现长阳线涨停，也经常出现在复盘表中，同时有数个决战长阳的买入模型出现，但考虑复盘表的截图时间，就以方框表示当天来看，股价从19元上涨到

25 元左右。

诺德股份

复盘表当日后上涨 25%

图 3-24　复盘表应用案例（四）

图 3-25 所示的上涨是否也是自上而下的逻辑方式？电力行业在复盘表中屡次出现，而当时煤炭价格连续上涨，导致火电成本压力大增，甚至火力发电企业出现亏损。当时中国的七成电力仍是火电，各地发电企业在成本压力下开始拉闸限电，电力供应紧张，电力的市场化期盼打破限制，电价上涨市场呼声很高，因此电力股一改之前萎靡的形象成为资金追捧的一个行业。从逻辑来看，短期是有支撑的，剩下的是选择个股的问题。甘肃电投在方框标注当日已经和前一个交易日连续长阳线形成了决战长阳的"王者荣耀"买入模型，该股从标注的 5.5 元左右最后一直上涨到 8 元左右。

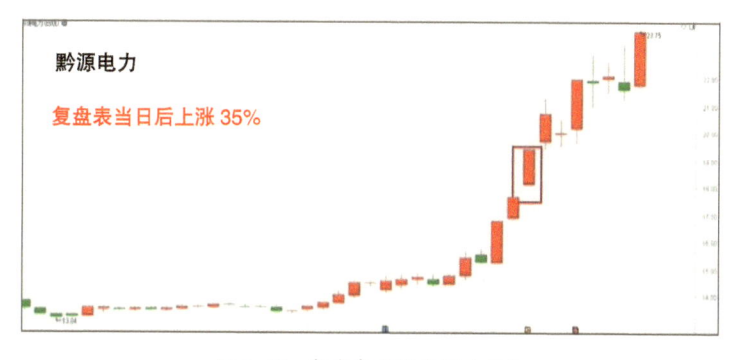

黔源电力

复盘表当日后上涨 35%

图 3-25　复盘表应用案例（五）

图 3-26 所示的自上而下的逻辑同样会很清晰，既然火电拉闸限电，但水电并不受到影响。而市场对于电力的需求不会减少，火电拉闸了，水电不会，电价上涨还有利于水电的业绩，因此电力板块中的水电个股黔源电力被主力看上是有逻辑支持的。可以看到方框是复盘表标注出来的，而在之前就"双剑合璧"的买入模型走势，该股股价在短时间内从 18 元上涨到 28 元左右。

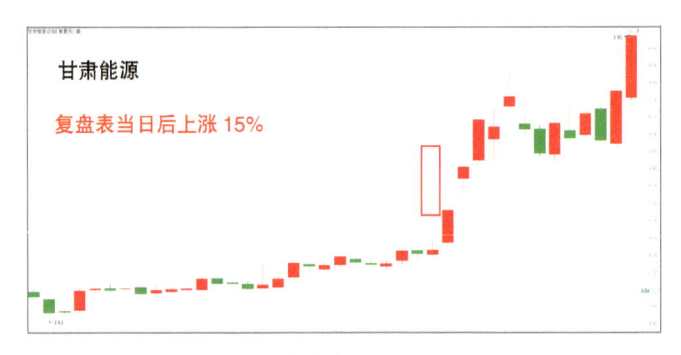

图 3-26 复盘表应用案例（六）

可以说复盘表是操盘过程的一个核心，是自上而下逻辑的一个发源地，也是找寻资金痕迹的最重要工具。同样，也是按照逻辑继续往下找寻相关标的的关键。决战长阳使用的复盘表起到了简单高效的作用，而整个过程就是找到轮动的行业—分析逻辑的支持—利用决战长阳的战法寻找标的—用科学买卖法买入卖出，这样就是以复利增长为核心搭建的实战体系。

复盘表看起来非常简单，使用起来似乎也不难（图 3-27），实际上在操盘过程中最难的不是买卖下手的那一刻,而是做到知行合一。复盘表最基础的要求是每天必须填写表格，按照当日涨停和行业或者概念分类也并不困难，在券商的公众号或者一些网站上也有，但复盘表是一个连续的动态过程，并不是一个静止的事情，大部分人只是看当天或者前一天的涨停，那么就很难发现资金连续炒作的痕迹，因此每天填写复盘表，最好是手动打字填写，这样才能够加深印象和盘感。在复盘表中 ST 个股以及超过 10% 的创业板、科创板及其他没有涨停的个股不用记录，否则需要跟踪的个股将大幅增加。其次复盘表需要每天去跟踪从前几个交易日的个股到记录当日的个股情况，有没有符合决战长阳战法的个股出现，周末需要对前一周所有个股进行复盘。其中大量的工作是枯燥的，但如果要把握资金的流向，不是去看资金流入流出。而是看复盘表，大量枯燥的工作却是最后成功的充要条件。这种工作并没有技术含量，而是坚持不断地复盘，日复一日，年复一年。

找到轮动行业
用战法选择个股
科学买卖法买卖
资产复利增长

图 3-27　复盘表使用方法

科学买卖方法

当做好自上而下的逻辑,根据复盘表选择好了行业和标的后,在实际操作的层面上就需要用到比较科学的买卖方法。中国股市的结构比较特殊,大部分是中小投资者,对于风险控制往往并不是很看重,大部分人关心的也只是市场上所传的财富神话。尤其经历了2015年的一次大涨之后,开户数逐步增加,股民结构逐步年轻化,在之后的中国股市也没有出现持续的调整熊市。因此,很多时候中小投资者往往持仓比例都会比较高,重仓和满仓都是常事,大部分投资者进入股市都是信心满满,就如同股票成交的买卖两方一样,都认为自己才是正确的,但必定又有一方是错误的。这种盲目自信通常会导致在某个时间段资产折损较大,而意识到市场风险后,绝大多数人只有利用风险分散进行风险控制(图3-28)。

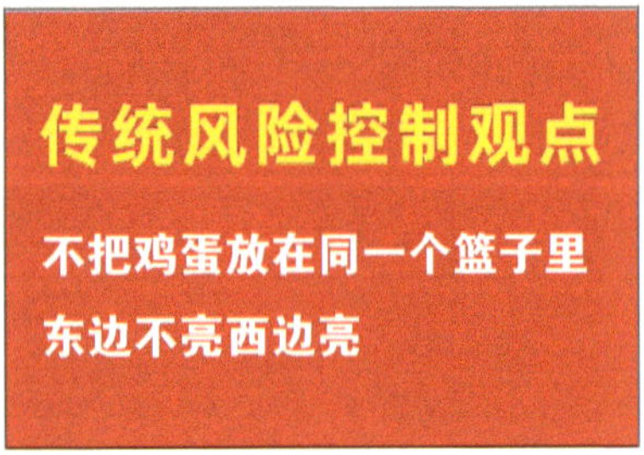

传统风险控制观点
不把鸡蛋放在同一个篮子里
东边不亮西边亮

图3-28 分散投资方法弊端

不将鸡蛋放在同一个篮子里可能是投资者了解最多的一个风险控制,这个办法究竟是从何而来已经无从考究,但是从投资者角度来看就是要分散投资的方向。这样片面的认识导致了很多中小投资者无论是什么行情都买了一堆股票,想着天空东边不亮西边亮,可往往涨的没有跌的多,一起下跌,没有起到风险控制的作用。对于风险控制来说，分散主要是分散行业，而且绝对不是只要买了股票下跌了就一直拿着，这样越拿越多，最后变成了一堆亏损个股集中的情况。对于中小投资者而言，仓位应该适度集中，而不是过分地分散，从以追求复利为核心的投资逻辑来说，其重点是盈利的累计。对于风控来说，一个方面是仓位，另一个方面是买卖的方法。很多投资者没有系统地学习，也没有经历过大的牛熊循环，在对于自己要买入的个股时，基本都是抱着必胜的信心，往往是一下子重仓和满仓。这种投资方法基本上是抛掉风控的一竿子买卖，涨了自然皆大欢喜，跌了就死拿不动，这是散户最容易出现大幅亏损的一个原因。

一把下注的买入方法对于股市来说并不合适，无论什么时候，都必须有风险意识。对于成熟的投资者来说，市场的钱是赚不完的，但如果本金遭到重大损失，需要挽回的时间是极其漫长的，因此宁愿少赚也不要亏损。这就是巴菲特经常说的"保住自己的本金"。即便再看好，再符合逻辑，再符合方法，也必须采取科学的买卖方式，做到进可攻，退可守，在全部资金用来运作个股的情况下，即便非常看好，第一次买入也最多用四成的资金。假如出现与自己预期不符的情况，则可以在下跌的幅度内补仓四成，留下部分资金防范意外。假如股价出现反弹，则要及时将补仓部分卖出，有效降低成本。对风险厌恶更高的投资者，可以采取 334 的配比方式，风险能够进一步降低。对于补仓的下跌幅度而言，需要根据个股的活跃长度，可以考虑五个点或十个点来设定可以补仓的幅度（图 3-29）。

一把买卖法容易导致面对错误的无法纠错性
短线买卖的分阶段买卖化解技术性风险
根据资金及偏好情况选择适合自己的442或者334的配比
根据资金及偏好情况选择适合自己的五点或者十点间隔

图 3-29　科学买卖方法理论

如图 3-30 所示的鄂尔多斯案例，在红框部分已经出现了决战长阳的买入模型之一"王者荣耀"，其后紧接着出现两根十字星形成了"萍踪侠影"模型，这个时候可以考虑建仓。

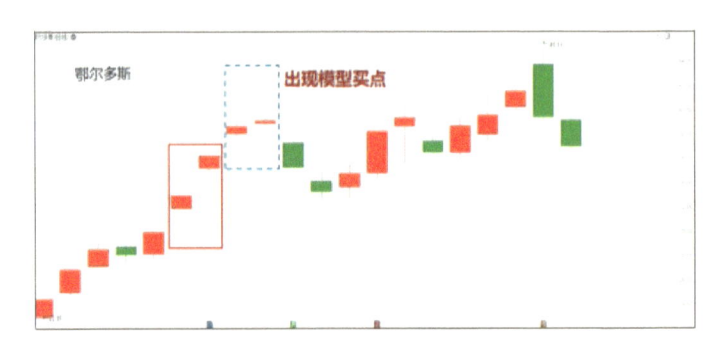

图 3-30　科学买卖案例分析（一）

但是，在建仓后股价并没有上涨，反而出现了回落，在回落中可以看到并没有跌破方框的起点（图 3-31），并且在下跌的过程中出现了明显的缩量情况，因此在蓝框的位置，从分时图可以看到适合进行补仓。

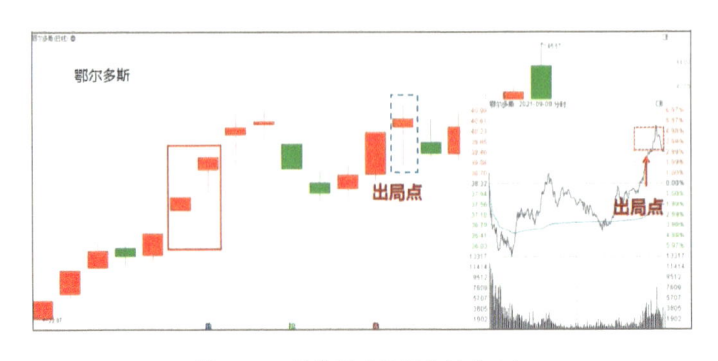

图 3-31　科学买卖案例分析（二）

随后股价出现上涨后，可以在一个高位的十字星上，并且是尾盘拉升的位置把补仓部分减掉。这样不但对建仓后的下跌进行了有效的操作，并降低了成本，也并不妨碍对于该股的看好获取后面更多的收益，所以灵活的仓位和操作是应对市场风险一种有效的方式（图 3-32）。但是，这种方式适合有一定基础和经验，并且对于量价关系和形态有一定认识的投资者，这样才能准确地判断补仓和减仓的时机，所以并不是一个适合所有人的方法，这个方法如图 3-33 所示。

图 3-32　科学买卖案例分析（三）

假如直接上涨超过5个点直接止盈
如下跌超过5个点进行等量补仓补入同等的买入数量
假如个股反弹，回到第一次买入价时卖出补仓部分
假如进一步反弹则卖出全部仓位
假如补仓后继续下跌5个点则全部止损出局

图 3-33　科学买卖的方法之一

当然，如果将止盈和补仓的幅度调整为十个点，相应的周期就可能拉长；同时，上述方法针对的是复盘表中的强势热门股，具有一定的中短期特征，但并不绝对。从所有的市场牛股来看，在启动的时候通常有涨停，并能够出现明显的决战长阳的各种买入模型，因此在把握大牛股的时候最好在出现模型买入后，当上涨有一定的盈利后敢于

持有，在不断地波段上涨中进行加仓和减仓，这样在一个牛股主升浪中获取最大的收益。

上述方法针对的是决战常用的案例，在中国股市具有一定的针对性，实战意义较大，但并不是所有的买入方法都是如此，不同理论不同方法也值得我们借鉴。下面介绍利弗莫尔的买卖原则和方法。

利弗莫尔号称华尔街投机之王，利弗莫尔的巅峰有多牛？在他的年代，100 万美元的购买力相当于现在的 2500 万~3000 万美元，也就是说，他巅峰时期的财富换算在今天大约为 700 亿美元。

利弗莫尔一生四起四落，他的交易方式和他的资金使用方式决定了他的交易生涯。当时的华尔街称呼他为"华尔街巨熊"，认为熊市都是他放空导致。可熟悉他的人都知道，他的交易方法，是顺应市场而为，股市的下跌在于股市本身要跌，利弗莫尔只是成为人们发泄的对象而已。人们对利弗莫尔的误解，导致了《股票大作手回忆录》的诞生。时至今日，依然有无数的交易员被书中的故事和智慧所指引。

利弗莫尔的交易规则大体有以下六条。

（1）资金管理。保住本金，损失千万别超过投资额的 10%。

利弗莫尔是第一个重视资金管理的交易员，在他看来，本金是一个人的根本，如果他想发财，在危急的时候东山再起，就要牢牢看好本金，这点跟巴菲特一样。

（2）情绪管理。每个人必须要控制好自己情绪，前提就是要有交易计划，并且坚持到底。市场有情绪，人也有情绪。我们无法控制市场，但是可以控制好自己的情绪。控制情绪最好的办法就是制订书面的交易计划。市场对你不利时，情绪千万别失控。赢了切勿得意张狂，认为在市场上赚钱手到擒来。

（3）交易时机。买上涨中的股票，卖下跌中的股票。千万不要天天交易，只有行情明显看涨或看跌的时候才交易，交易方向与总体市场保持一致，就是看总体的趋势。交易前，必须知道市场大势，按利弗莫尔的说法就是轨迹线，就是市场的走势是向上还是向下。在复盘的时候，每个投资者都需要问自己三个问题：市场处于什么状态？是上涨还是下跌？是高位震荡还是低位徘徊？核心思想就是千万不要与趋势对抗，如果大盘下跌，就减仓或者清仓。

（4）绝不平摊亏损。股票下跌就放手，别炒股炒成股东。如果一个人能够严格遵守"绝不平摊亏损"这六个字，就永远不会破产，赶上牛市的时候，还能大赚一笔。大多数投资者的亏损80%是摊平损失带来的，买入了不甘心，而且摊平损失不是几天或者未来几天，而往往是一天之内多次买入，总想着扳平。每一个交易者都不应该经常性摊平损失，除非是抄底，资金足够充足。即便买48元的"中石油"，20%的损失割肉，也比拿很多年直到5元钱好太多。错了，就及时止损，不要不甘心。

（5）不要试图预测市场，只能追随市场的走势。股市会受到个股的销售量、利润，以及世界局势、政治和科技变化的影响，更关键是交易者的情绪，以及交易者对这些的判断，所以市场周期忽上忽下，周期就像一系列的海浪，情况良好时带来高潮；情况不妙时就出现低潮。这些周期无法预测，不可能预测。因此，不能去预测市场的周期，只能追随市场的周期行动。如果改变了方向，就跟着方向行走，一直等待向前的力量衰弱。

利弗莫尔从来不给自己定义所谓的牛市和熊市，在他看来只有趋势。每当市场震荡或者整理的时候，不知道市场的方向去哪里，就要认真地等待，等待市场的方向是上涨还是下跌，千万不要跟趋势对抗。

（6）我的钱都是坐着赚来的。利弗莫尔的精髓，就是一个字：等！等待市场的信号，等待时机，等待盈利，坐得住才能赢钱。利弗莫尔说：耐心、耐心、耐心，这是开启成功大门的钥匙，别匆忙行事。

其实将利弗莫尔的交易规则总结一下，就可以看到以下七条与决战长阳的交易法则存在惊人的类似之处，如趋势为王、资金为王、强势为王。

（1）只买入上涨中的股票，只卖出下跌中的股票，不逆势。股价创新高，只做多，股价创新低，只做空。买入领涨行业的领涨股，板块行为是确定时机的关键——股票运动时并不是单独行动。

（2）等市场证明了你的观点后再交易。这一点的意思是，当你有看法，并且行情走出了符合你看法的走势，再入场交易，实际上说的是要符合自己的交易入场方式再交易。

（3）做股票就要做领头羊，走势最强的那一个，要相信强者恒强。

（4）绝对不因为股价过高而不敢买，也不要因为股价太低而不敢卖出。

（5）盈利最多的交易，往往在一开始就有浮盈。

（6）观察市场的领头股票，它们在牛市带动市场上行。如果这些股票疲软无法再创新高，这就是市场掉头的信号了。

（7）没有百发百中的规则，没有无敌的交易方法。

大家也可以参考利弗莫尔的交易方法：先买入20%，假设买错了，下跌10%立刻止损，止损金额为总仓位的2%；假设买对了，上涨10%立即加仓20%，再上涨10%立即再加20%，最后一次直接加40%，将胜利果实扩大。然后只要没有跌破10%就持有，一旦跌10%立刻将仓位全部卖出。

决战长阳的买入卖出方法和利弗莫尔的买入方法对比是有很多不同的，这和所处的市场不同，国外股市的结构和A股大相径庭，基本是机构为主的市场，而中国目前还是散户为主的市场，同时在交易机制上国外有做空机制并且个股并没有涨跌幅限制，大波段的特征比较强，A股为单边做多市场有涨跌幅限制，且是T+1的交易制度，因此不能绝对套用国外的交易方法。决战长阳的买入和卖出方法更贴近中国股市的现状。

第四章　决战长阳实战模型

底分型、顶分型形态

决战长阳的买卖模型是在确定市场逻辑以及复盘了解资金动向后寻找标的的实战方法。在学习各种模型前，先通过长阳线或长阴线判断指数，或个股所处的反转阶段，这就涉及底分型和顶分型的形态判别。

底分型是由弱转强的一种形态转变，通常在底部比较短时间内形成连续的放量长阳线（图4-1），这意味着强势的反转。

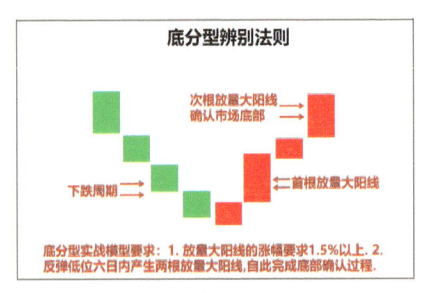

图4-1 底分型模型图

对于指数来说，不会因为一些局部资金而产生较大的波动，因此出现底分型的形态，通常是明确的反转信号（图4-2），这时候后期可以做多为主。

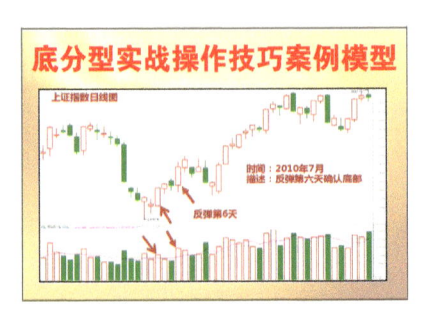

图4-2 底分型的指数应用（一）

指数的长阳线幅度与个股不一样，幅度不可能太大，超过2%的指数阳线大多算长阳线了。如果短期连续出现长阳线，说明资金流入明显。越短的时间出现得越多，说明主力进场的态度越坚决（图4-3）。

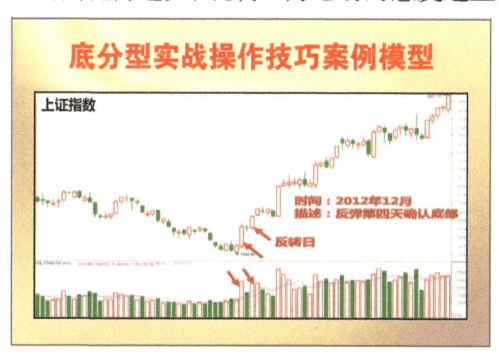

图4-3 底分型的指数应用（二）

对于指数来说，在底部出现长阳线的次数越多，阳线的级别越大（图4-4），反转的趋势就越肯定。

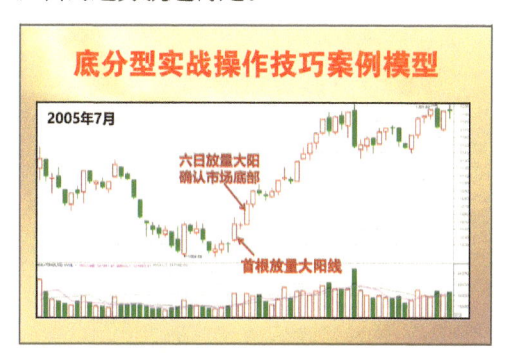

图4-4 底分型的指数应用（三）

底分型和顶分型一样，在判断指数方面准确性更高（图4-5）。个股容易受局部资金的影响，股价发生较大变化，从而改变股价的形态。在个股方面不能用底分型和顶分型来判断，在实战中需要结合决战长阳的模型，并且利用复盘表才可以更有效地找到相应的个股买点。

在底分型和顶分型的应用上，在指数方面比个股方面更简单。

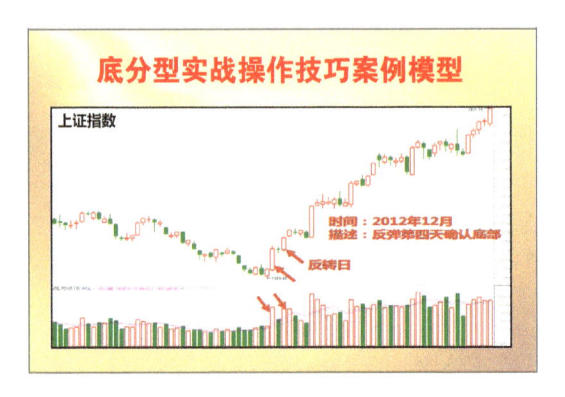

图 4-5　底分型的指数应用（四）

顶分型是判断顶部出现的一个 K 线组合形态（图 4-6）。从模型上来看，跌破 20 日均线是比较典型的区分，同时伴随长阴线连续下跌，是顶分型的一个特点。

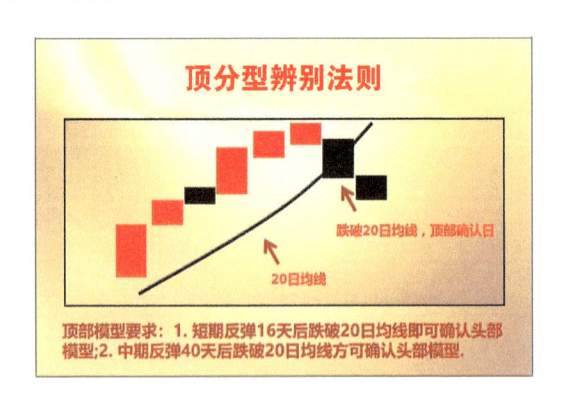

图 4-6　顶分型模型图

从图 4-7 中可以看出底分型和顶分型同时存在的一个时间段，在顶分型出现的阶段，快速跌破了 20 日均线并且连续出现长阴线，确认为趋势转折的一个信号。

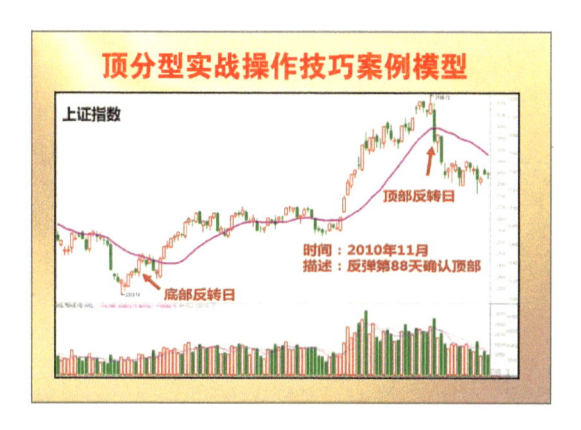

图 4-7　顶分型的指数应用（一）

对于指数这种大量资金形成共识的标的上，如果下跌破均线的 K 线是长阴线，则可以快速确认指数具有下跌的可能性；如果短期不能尽快修复，则必须做出减仓或者出局等动作来回避市场风险（图 4-8）。

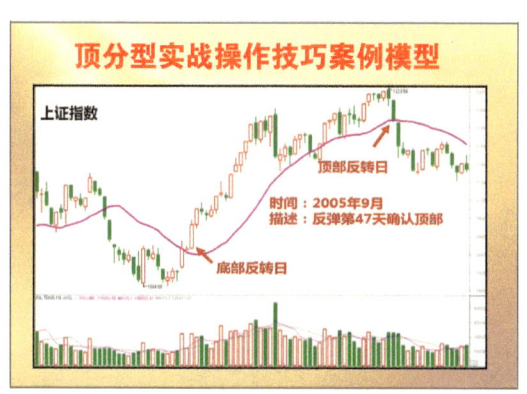

图 4-8　顶分型的指数应用（二）

均线是一种趋势的体现，而短期 K 线快速跌破 20 日线，且出现长阴线下跌，这都是市场转弱的一种信号。有时候长阴线下跌后均线还没有明显的拐头现象，均线落后 K 线的实际走势，但往往逐步转向，这时候股价出现较大的跌幅，图 4-9 是一个典型的案例。

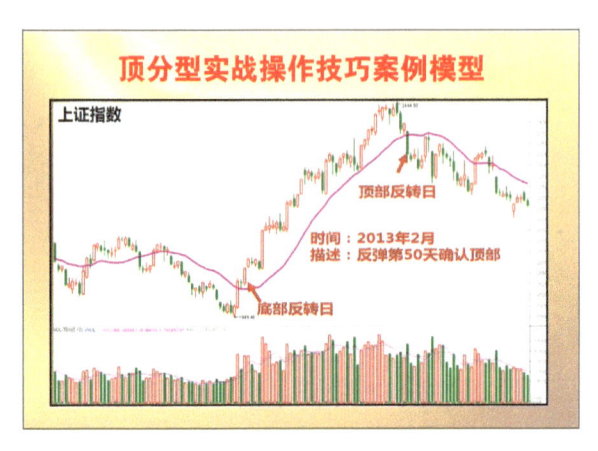

图 4-9　顶分型的指数应用（三）

对于顶分型来说，指数应用比个股应用更准确，也是因为个股更容易受局部资金的影响。而且从指数来说，一旦形成了趋势的转变，后期上涨或下跌的幅度往往都会比较大（图 4-10）。

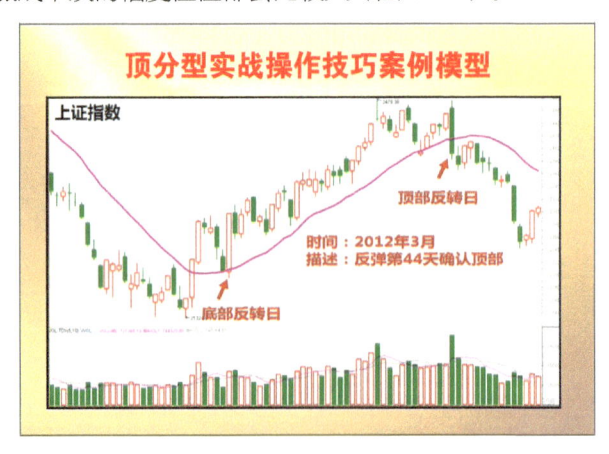

图 4-10　顶分型的指数应用（四）

王者荣耀模型

下面讲解决战长阳经常使用的几种买入模型。

在使用决战长阳的模型时，几乎任何模型都必须要符合图 4-11 所示的条件，尤其是偏中短线的模型。这些标的必须来自复盘表，也就是说这些个股处于近期资金介入且轮动炒作的行业。对于中短期模型来说，出现涨停的时间一般在一周以内，这样才可以判断主力是否已经离场。如果出现涨停的时间太远，模型容易失效。

图 4-11 王者荣耀模型要点（一）

王者荣耀模型是决战长阳战法中一种比较激进的模型（图 4-12），模型的原理是连续出现两个非一字涨停，且成交量上第二个涨停没有大幅高于第一个涨停，在第三天如果出现低开，那么可以进行少量关注。当然，如果在之前也出现过涨停，则更好，说明股性活跃且主力在之前已经有所埋伏，准备开始连续拉升走主升浪。

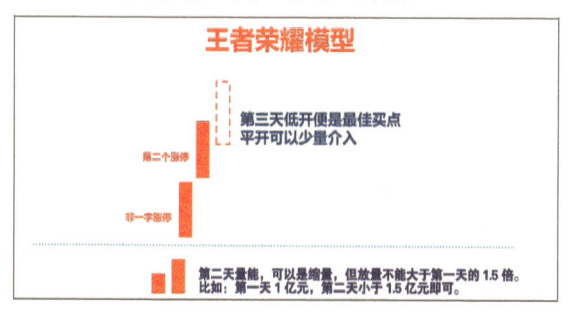

图 4-12 王者荣耀模型

图 4-13 是比较典型的王者荣耀模型，从图中可以看到，在模型触发的地方连续涨停，成交量反而缩减，第三天低开才出现买点，当天继续强势涨停。在触发之前，该股实际在逐步上行的过程中也有涨停出现，说明主力反复运作该股。而且王者荣耀模型往往还会出现一个较大的涨幅，不只是针对一两天的行情，道理也很清晰。既然主力开始拉连板，说明主升浪要开始，而且前期通过盘整反复震荡已经获得了足够的筹码，所以后期继续拉升是大概率事件。

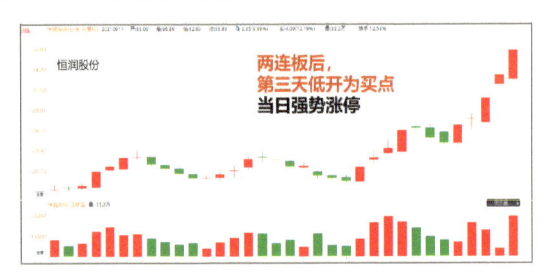

图 4-13　王者荣耀应用案例（一）

图 4-14 也是王者荣耀模型的经典形态，并且连续出现两次，在第一次触发王者荣耀模型之前已经有过突破平台整理的涨停，主力也非常有耐心，用较长时间的盘整震荡来消化市场的关注。在第一个红框开始走出连续两个涨停，但成交量是缓慢上升的，第三天出现低开震荡，此时是一个买点，其后股价逐步上扬。在第二个红框再次连续涨停，继续触发王者荣耀模型，再度出现买点，股价仍可以继续上涨，可以看到股价在短期内巨大的爆发力。

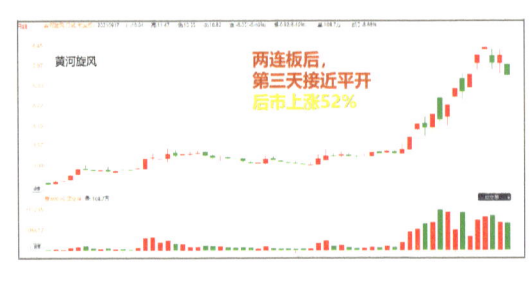

图 4-14　王者荣耀应用案例（二）

如图 4-15 所示，在王者荣耀模型出现前，该股也有过涨停，经过一段横盘后在红框处出现王者荣耀模型，连续两个实体涨停且成交量保持缓慢上升，第二天出现平开后开始继续拉升，在触发模型后股价还在持续上涨，在没有出现明显的反转卖出信号前都可以处于持有的状态。

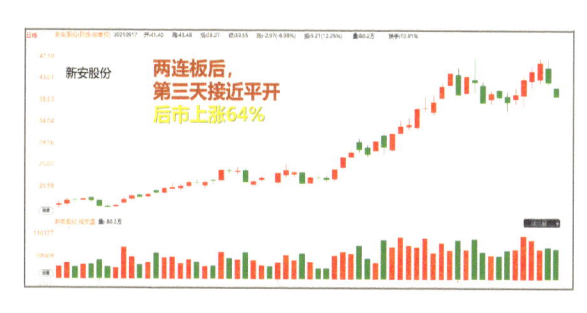

图 4-15　王者荣耀应用案例（三）

图 4-16 也是一个出现过两个王者荣耀模型的个股，在第一个出现模型的地方可以看到，两个涨停后的第三天开始低开低走，随后一个交易日出现了回落。在面对这个问题的时候要清醒地看到，不是说出现了王者荣耀就会百分百上涨，需要明确的是：在出现王者荣耀模型后仍应按照科学的方法进行买卖；同时，如果出现回落，第一个位置是出现模型后的第二个涨停被吞没时较大的回撤，假如两根涨停 K 线都被吞没，则模型已经失效，需要立刻止损认错出局。图 4-15 也是第一次王者荣耀模型触发后先出现的是回落，其后继续逐步上行，并且在第二个红框位置再次触发王者荣耀的模型。虽然和第一次触发王者荣耀模型的时候相比股价已经从不到 20 元上涨到 35 元左右，但并没有停止上涨。同第一次走出王者荣耀模型一样，也是先回落甚至吞没了第一根阳线后逐步企稳上行。虽然是从 35 元位置继续出现王者荣耀模型，但股价仍具备强劲的上攻能力。即使该股从 35 元开始算，后市也继续上涨到 80 元以上，股价仍翻了不止 1 倍。

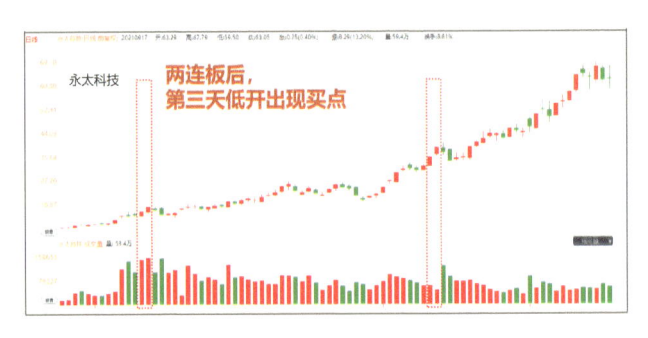

图 4-16 王者荣耀应用案例（四）

王者荣耀模型是一种偏向追击短线最强势个股的方法，但仍需要分析上涨原因和产业政策等判断热点的持续力，通过复盘表找到最近资金持续流入的板块，再去选择标的。这是任何模型都必须秉持的思路，也是最科学的自上而下的思路。这并不代表出现模型就一定会上涨，任何模型的出现都有可能出现回落或者失效，因此一定要用科学的买卖法进行操作。王者荣耀所选出的个股不但具有短期的爆发力，而且经常是后市的强势品种，因此还适合连续追踪操作（图 4-17）。

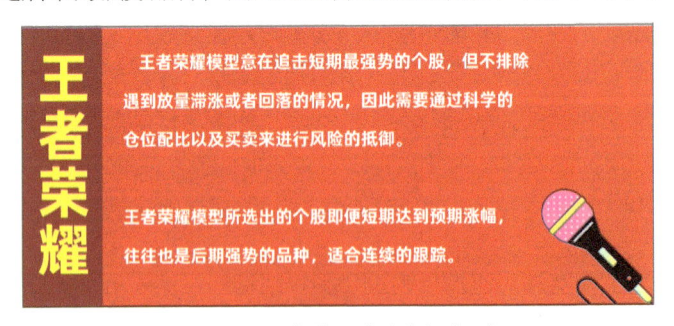

图 4-17 王者荣耀模型要点（二）

虽然主动出击的模型激进，但也存在一定的风险；同时，对于盘中随时的操作也有一定的要求，并不是所有的投资者都可以接受。有适合去潜伏的买入模型，将在后面介绍。

如图4-18所示,一切模型都必定来自复盘表,这是决战长阳任何模型的前提,不来自复盘表的个股不在决战长阳战法的考虑范围内。当然,也有投资者会觉得片面,但随着股票数量的不断增加,不可能做到追踪所有上涨的个股,而且即便追踪,也无法知道持续的能力以及热点切换的节奏,因此需要把握概率更大的方法。这就是打造自身投资体系的必要性。

> 股票必须来自复盘表 最好来自主流轮动炒作行业
>
> 在战法模型出现之前最好也出现过涨停 且间隔时间不长
>
> 双剑合璧模型的后部分有时候紧接落英缤纷等模型

图4-18 王者荣耀模型小结

落英缤纷模型

落英缤纷模型（图 4-19）是适合潜伏的模型，从模型的结构来说，也是在之前出现过涨停，中间隔了一段时间（不要超过 15 天，最好 7 天内），然后出现第二个涨停，最后开始逐步回落。在涨停后第一天不能过于放量，最好在前一天成交量的 1.5 倍以内，防止短期资金借着涨停出局。其后股价还是逐步回落盘整，一般回到涨停阳线实体的一半；在回调过程中逐步出现星线或者十字星的企稳信号时，可以按照科学买卖法进行买卖布局。由于是潜伏类型，因此需要有持有几个交易日的准备，而不是想着买了就涨。如果一直回落并且把之前长阳线的实体部分已经全部吞没，那么形态失败必须立刻止损出局。

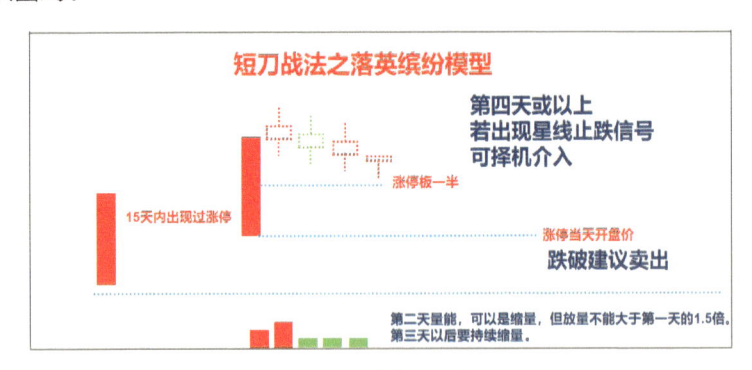

图 4-19　落英缤纷模型

图 4-20 是落英缤纷的一个典型形态案例，在红框出现之前。股价已经出现涨停，在经历连续洗盘和震荡后，在红框位置再次出现涨停，同时还突破了前期的盘整平台，第二天出现了一个小阴线，成交量同之前涨停当天差不多，可见短期资金并没有出现大幅出局。其后走势开始逐步小幅整理，在第二天和第三天出现了十字星的走势，这都是

可以进场的信号。其后股价开始逐步上涨，后期还继续拉升，短期具备较大的涨幅。

图 4-20　落英缤纷模型案例（一）

图 4-21 也是落英缤纷的形态，在红框部分出现涨停后，第二天成交量甚至还小于涨停当天，随后第三个和第四个交易日都是小星线和小十字星，这是买入信号出现。其后股价连续上涨，短期爆发力较大，如果不在红框出现买点时买入，后期上涨后投资者就很难有克服恐高心态继续参与的勇气。

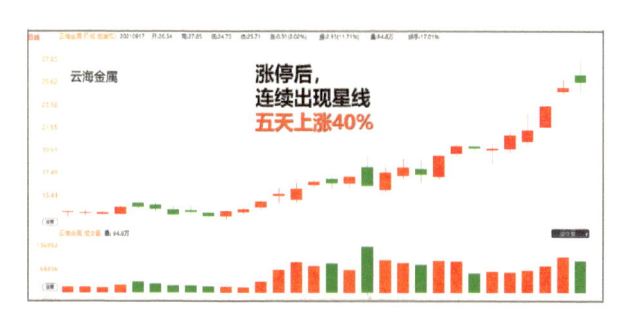

图 4-21　落英缤纷模型案例（二）

图 4-22 是创业板个股案例，当在红框出现涨停后，第二天出现放量阴线，但成交量放大并不过分，只是比涨停当天略多，第三天出现小阴线，但开始大幅缩量，短期资金已经不愿意继续下跌，这时候就是一个可以布局的买点。其后股价连续上涨，由于是创业板个股，短

短几日上涨超过 45%。

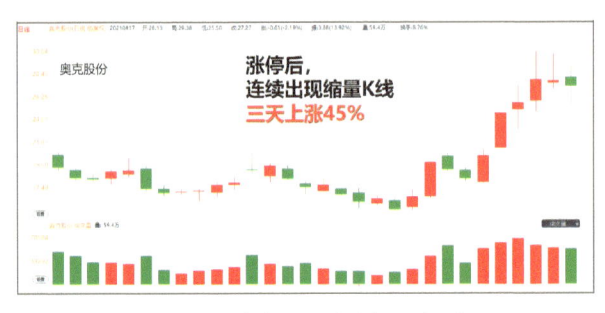

图 4-22　落英缤纷模型案例（三）

如图 4-23 所示，落英缤纷是一个潜伏的模型，模型的原理是个股启动后出现逐步的回调且缩量，主力无法在此期间出局，只能寻求自救继续拉升的动作，这就给了投资者潜伏进场的机会。但这种机会要建立在前期个股上涨逻辑成立的基础上，并且来自复盘表的热门行业。同时，既然是潜伏的模型，就不一定立刻上涨，有时候需要多日才能上涨，但大多在三到五个交易日就会有表现。

落英缤纷模型最好是之前有过涨停，从本质上来说，如果出现一个涨停后没多久又出现一个涨停，也说明这只个股是比较活跃的，这就会形成另一个模型——双剑合璧。

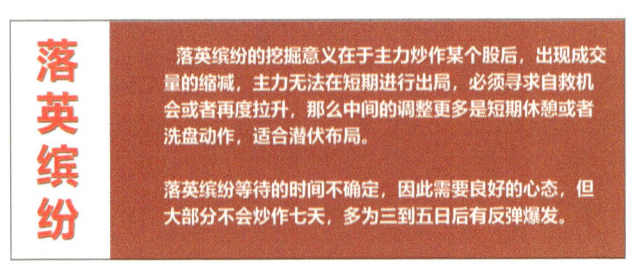

图 4-23　落英缤纷模型总结

双剑合璧模型

双剑合璧是两个涨停板的组合（图4-24），可以接着落英缤纷模型，双剑合璧的作用是提醒可以重点跟踪，而且在两个涨停之间的交易日间隔时间越短越好。对于一些强势股来说，在两个涨停之间停留的时间只有一两个交易日。

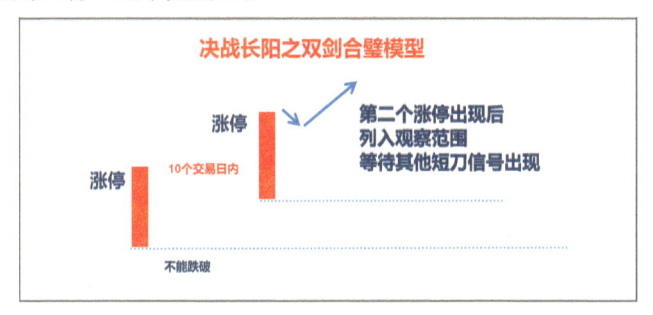

图4-24 双剑合璧模型图

当然，与所有决战长阳的模型一样（图4-25），股票必须来自复盘表，而且两个涨停之间的交易日越少越好，并且以右端第二个涨停观察是否出现买入模型，所以双剑合璧更多的是提醒作用。

图4-25 双剑合璧模型要领

图 4-26 所示的是一个双剑合璧模型，在第一个涨停后出现连续的盘整，但盘整后没有把第一个涨停的起点吞没，在经历了 12 个交易日后再次涨停，形成了一个双剑合璧的模型。但这并不代表第二天可以积极追进，而是继续观察以第二根阳线为代表是否形成新的决战长阳模型。该案例中在长阳线上方震荡 3 日开始形成一个萍踪侠影模型，在小幅回落后开始继续拉升一波主升浪。

图 4-26 双剑合璧模型案例（一）

如图 4-27 所示，在红框发生模型之前，实际上股价逐步上行时已经出现过涨停，而在红框出现双剑合璧模型时中间只间隔了两个交易日。一般来说，双剑合璧中间非涨停的交易日时间越短，该股短期的爆发力越强。在第二个涨停后不必立刻参与，该股经历了后几天的横盘整理，屡屡收出小的十字星，可以考虑适当建仓，稍有耐心，就可以收获之后的涨停。

图 4-27 双剑合璧模型案例（二）

图 4-28 也是双剑合璧的模型表现，在红框出现模型前，该股也出现过涨停，在红框出现双剑合璧的形态之间，两个涨停之间只有三天的交易日，成交量还出现缩减的情况。第二个涨停随后两天都形成十字星，形成了萍踪侠影的模型，可以考虑适当介入。尽管在其后交易日出现回落，但股价很快就被阳包阴反包，股价在一段整理后开始拉出一波涨幅。

图 4-28 双剑合璧模型案例（三）

双剑合璧模型和之前的模型不同，王者荣耀强调强势和追击，落英缤纷是伏击，而双剑合璧更多的是提醒，各种模型在短期甚至会交替出现。结合产业政策逻辑思考热点的持续能力，利用复盘表找寻资金运作的痕迹，再利用具体的模型选择标的，这是决战长阳实战体系的逻辑（图 4-29）。

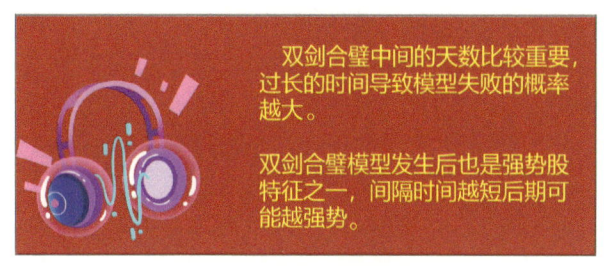

双剑合璧中间的天数比较重要，过长的时间导致模型失败的概率越大。

双剑合璧模型发生后也是强势股特征之一，间隔时间越短后期可能越强势。

图 4-29 双剑合璧模型要领

萍踪侠影模型

所有逻辑的分析是在择股模型之前进行，然后所有个股都必须来自复盘表（图4-30）。

图4-30 落英缤纷模型要点

萍踪侠影模型（图4-31）是一个偏向等待的模型，与落英缤纷不同，股价不是逐步回落，而是在长阳线的上方进行整理，虽然股价偶尔跌到长阳线上方价格以下，但收盘价才是决定是否还在长阳线上方的标准。萍踪侠影的逻辑是短期连续出现涨停，股价在长阳线上方整理，说明主力并不想让股价回落，因此往往这时候横盘整理要么是所处指数环境不太好，选择暂时休息，要么是热点有回落，在等待时机，但一般在几个交易日内会有向上突破的需求。

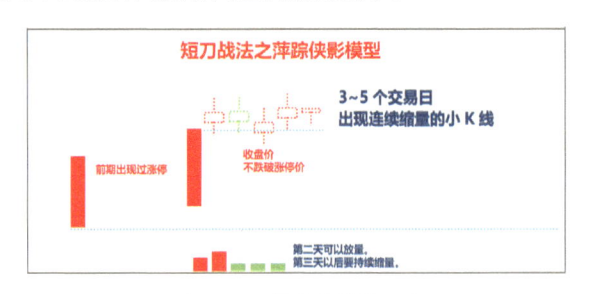

图4-31 萍踪侠影模型图

图 4-32 出现过两次萍踪侠影，第一个红框出现涨停并连续上涨后开始回落，这是一个该股有动作的信号，在止跌企稳后逐步上涨。在第二个红框时再次涨停，此时已经出现双剑合璧，有较强的提醒作用，股价涨停后在长阳线上方一直盘整逐步向上，连续的十字星是买点。这里关键是股价无论如何震荡，都是在长阳线的上方运行，没有吞没长阳线过，因此可以一直持有。在第三个红框位置再次涨停，并且继续出现萍踪侠影的模型，之后几天的十字星都是继续买入的信号，而股价也在稍作整理后一路上行。可以看到两次模型后股价取得了较大的收益。

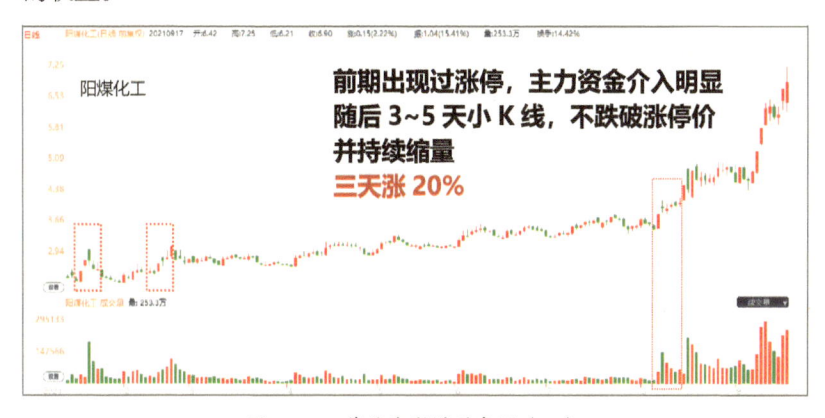

图 4-32　萍踪侠影模型案例（一）

图 4-33 也是萍踪侠影的一个示范，在股价出现红框模型之前已经出现连续波段上行的走势，而且出现过一次双剑合璧的形态，这都是该股相对比较强势的一个信号。在出现红框涨停后，随后三天都保持收盘价在长阳线收盘价的上方。这种连续的十字星量能还控制得比较均匀，主力还没有考虑出局，因此这都是买点信号。其后股价又开始出现连续涨停，形成了王者荣耀模型，股价进一步继续拉升，该股最高上涨到 15 元以上。

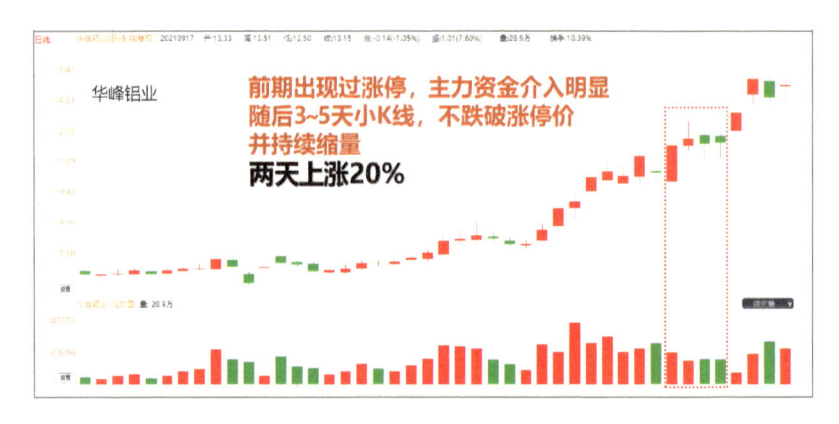

图 4-33　萍踪侠影模型案例（二）

图 4-34 所示的是一个周期相对较长的案例，在第一个红框处股价开始启动，但并没有立刻向上拉升，而是采取了较长时间的箱体震荡盘整。在盘整过程中没有跌破启动时的起点，这种连续盘整是主力反复清洗的过程。在盘整过程中的上下波动很容易将心态不稳的散户清洗出局，所以有非常明确的信号就比较好。红框处的萍踪侠影模型就是一个很好的买点，在涨停后股价连续在长阳线的上方盘整，成交量逐步缩减，这是很好的买点机会。其后股价开始突破，从 9 元左右上涨到 13 元以上。

图 4-34　萍踪侠影模型案例（三）

从本质上来说，萍踪侠影模型和落英缤纷有点类似（图4-35），只是走势更强，同样是一种伏击型的模型，但也可能出现不涨反跌的情况，转为落英缤纷模型，必须配合科学的分仓买卖方法，应对市场不可控的风险。

萍踪侠影

萍踪侠影容易出现横盘不涨而回调的情况

因此需要配合科学买卖法

观察是否转为落英缤纷模型

图4-35　萍踪侠影要点

双龙取水模型

下面继续介绍几种决战长阳战法的模型,就不再重复几个关键要素了。比如,必须分析当时行情的性质和阶段,分析国家对于资本市场的态度,分析个股的逻辑以及持续力,通过复盘表找到资金在某个时间内对某个行业的反复运作,再用决战长阳的模型去寻找合适的标的,配合科学买卖法操作,以复利增长为核心,步步为营。

双龙取水模型(图4-36)是一个底部出现的模型,从模型图上可以看到,一个在前期出现连续下跌后,连续出现两次带有长下影的K线作为转折信号,这两次长下影线间隔的周期,以5个交易日内为宜。这种走势一般出现在相对底部,短期一般有快速的反弹,基本也符合一个周期对称的理论。

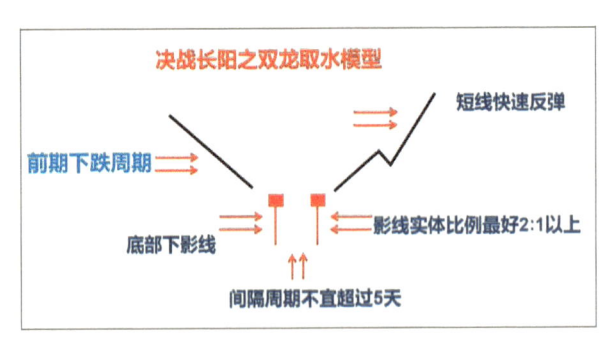

图 4-36 双龙取水模型

图4-37所示的是一个双龙取水的模型,在股价之前出现连续下跌后,红框处出现比较明显的十字星,在短期反弹了两天后又一次出现十字星,形成了一个双龙取水的模型,是一个见底的信号。其后股价开始上涨,与之前的跌幅几乎对应起来。当日其后股价上涨中也会出现决战长阳的其他模型,但在底部起到一个企稳转折提示

的正是双龙取水模型。

图 4-37 双龙取水模型案例（一）

图 4-38 也是一个双龙取水的案例，从图中可以看到，在转折的底部出现的两个十字星，形态不一定与标准模型图的一样，都是长下影的光头阳线，只要是带有长下影的 K 线都可以认为具有支撑作用，所以不能套用模型。在这个案例中底部出现连续的十字星，中间间隔 3 个交易日，其后股价上涨过程中也屡屡出现长阳线。由此可见，双龙取水更多是提示底部的到来，而真正决定买点进场还应利用其他更多的决战长阳买卖模型。

图 4-38 双龙取水模型案例（二）

理解这一点后就可以很好地理解案例（图 4-39），在经过一轮下跌后，在底部连续出现带有长下影的十字星，暗示底部正在到来，但是就此依据进场还不是时机，有时底部会反复磨底、反复震荡。普通投资者由于看到之前一轮下跌，心理还没有平稳，很容易被清洗出去。出现长阳线后开始走出决战长阳模型时，更适合买入。图 4-39 就是一个经典的案例。虽然红框里反复出现带有下影线的 K 线预示了底部到来，但并不是马上就开始拉升股价，而在后期拉出长阳线并且走出了萍踪侠影模型时是确定性更大的进场时机。

图 4-39　双龙取水模型案例（三）

双龙取水是一个出现在相对底部的形态（图 4-40），更重要的意义是在提示底部的出现，而不是买卖的模型。这种提示底部的模型最好是在之前有出现过上涨行情表现的个股，这说明主力可能进行二度的拉升。底部信号不是买入信号，所以单依靠双龙取水不能直接去做买入决定。因为底部持股的周期是不确定的，所以这种模型一定要用在热门行业中，而不是广泛用于任何行情和任何行业，必须结合复盘表使用。

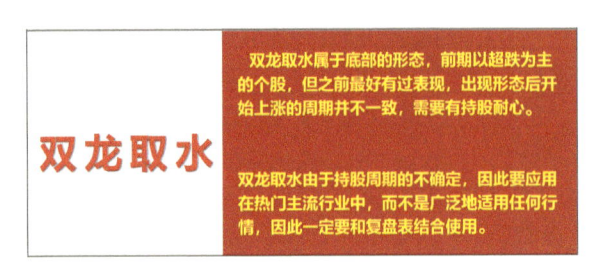

图 4-40　双龙取水模型要点

画龙点睛模型

除了一些底部以及买卖的模型外，我再介绍中途加速的一些模型，如画龙点睛模型。

从图 4-41 中可以看到，在前期一轮上涨后出现回落，然后逐步上涨，形成了一个回调的谷底（俗称的"黄金坑"）。在继续上涨的过程中用一根长阳线突破前期高度，这就是画龙点睛。它也是一个再启动信号，从整体走势来看，也符合波浪理论的第三浪拉升形态。

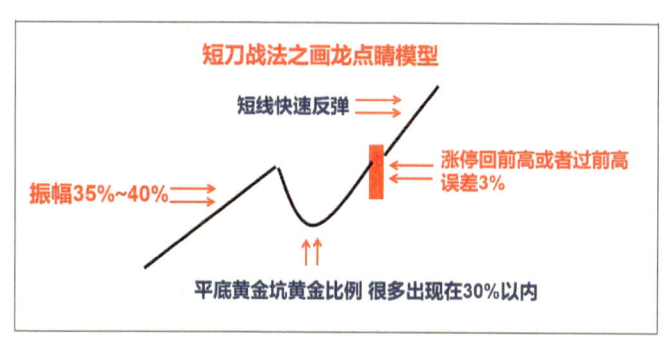

图 4-41 画龙点睛模型

虽然画龙点睛的模型要来自复盘表（图 4-42），但与之前模型不同的是：由于这个形态是上涨一波后又出现回落，因此在复盘表出现的时间将会比较久，不方便跟踪，所以看到形态后还要看之前一波上涨是不是足够强劲；同时，在出现"黄金坑"的时候是否有缩量逐步企稳的走势，再去寻找突破前期高度的长阳线买点。

> 股票必须来自复盘表 需要选择持续性较强的主流行业
> 之前拉升势头强劲 回调存在时间不确定性 偏向中期走势研判
> 本质上在右侧也可以采用其他模型研判买点
> 需要持股耐心 以科学买卖法为辅助

图 4-42　画龙点睛要点

图 4-43 所示的是一个画龙点睛的案例,在之前出现一波上涨后,从最高点回落三成后一直处于盘整的阶段,一直到最后涨停突破前期高点。这时可以考虑介入,既然主力用这么长的时间在"黄金坑"上反复整理,就不会只是突破一下做个短线就走,后市的空间可能被打开。从该案例也可以看到,股价在突破后短暂回落但是不破压力线,然后拉出一波非常迅速的主升浪,短期内就达到翻倍的涨幅。

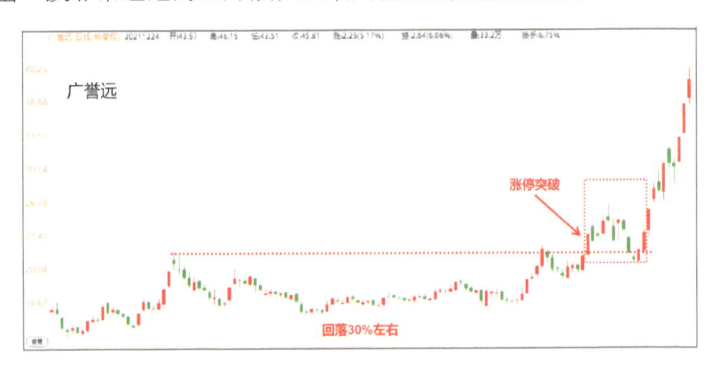

图 4-43　画龙点睛模型案例(一)

如图 4-44 所示,在第一波比较猛烈的上涨后股价开始逐步回落,最多回落四成左右,其后股价逐步回升,以逐步波浪上行的方式修复,以涨停长阳线突破前期新高,在信号出现后继续上涨,从突破时不到 25 元涨到 35 元。

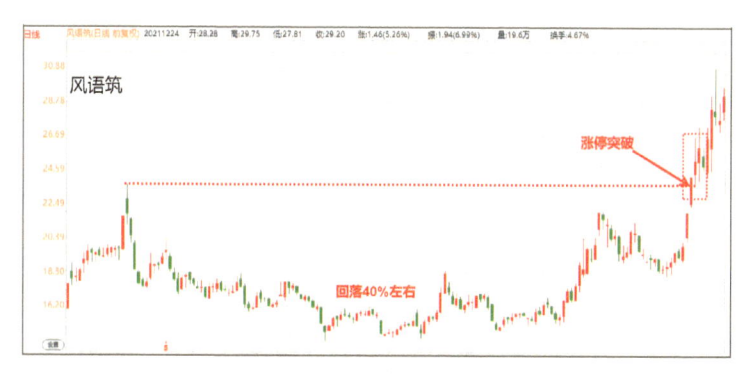

图 4-44 画龙点睛模型案例（二）

图 4-45 所示的同样是股价在上攻后出现三成左右的回撤然后逐步修复，而在突破前期高点时是长阳线突破，那么后期往往还有一波上涨。道理与之前所说一致，既然主力盘整如此长的时间而选择继续向上，把之前的套牢盘全部解放，目的必定是要拉出另一波涨幅的，这时候需要更多的耐心持股，才会有很高的收益。

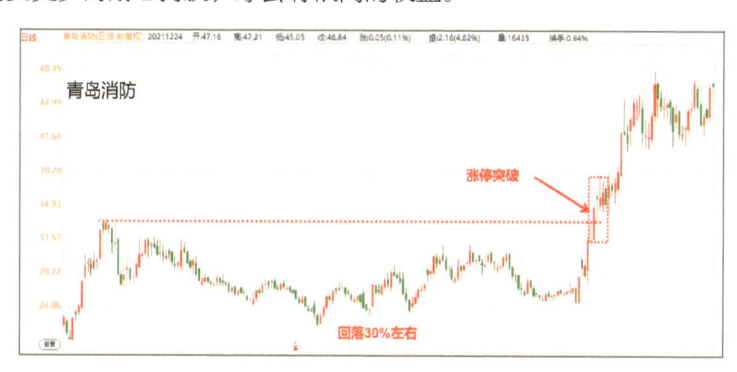

图 4-45 画龙点睛模型案例（三）

画龙点睛的模型（图 4-46）可以看作波浪理论的一种实践，很多人去讨论和研究波浪理论，但如同话剧《哈姆雷特》一样，1000 人看有 1000 个不同的哈姆雷特，1000 个人看波浪，能数出不同的波浪。这就是波浪理论听起来似乎很强，却没有几个人用好的原因。而决战长阳的画龙点睛模型便是将波浪理论最重要的三浪主升浪变成实际可以操作的一种方法,是实战的一种体现。主升浪往往会持续一段时间,因此画龙点睛模型出现后需要一定的耐心,略微偏向中短的结合。

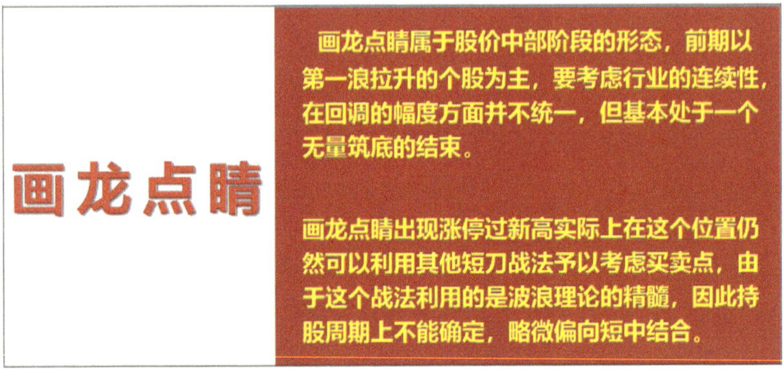

> **画龙点睛**
>
> 画龙点睛属于股价中部阶段的形态,前期以第一浪拉升的个股为主,要考虑行业的连续性,在回调的幅度方面并不统一,但基本处于一个无量筑底的结束。
>
> 画龙点睛出现涨停过新高实际上在这个位置仍然可以利用其他短刀战法予以考虑买卖点,由于这个战法利用的是波浪理论的精髓,因此持股周期上不能确定,略微偏向短中结合。

图 4-46　画龙点睛模型要点

跨凤乘龙模型

跨凤乘龙模型（图 4-47）是一个比较常见的模型。在前期股价运行震荡的期间出现股价下挫，并且有长阴线急速形成股价的见底，随后股价出现连续的盘整，形成了一个小型的箱体震荡。在箱体中大部分以星线为主，在突破这个整理区又是一根长阳线，与之前的长阴线对应，从而展开一轮新的上涨，这就是跨凤乘龙的含义。跨凤乘龙与双剑合璧不同的是，其是长阴对应长阳的一种方法，并且中间的整理区间大多为星线整理。

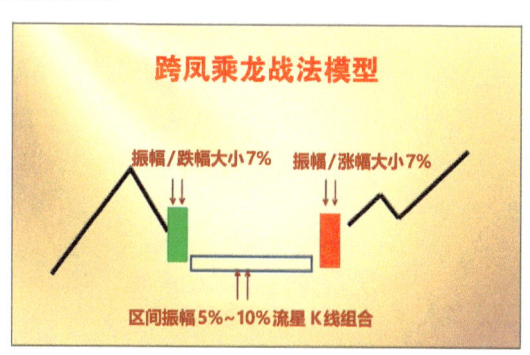

图 4-47 跨凤乘龙模型

从图 4-48 中可以看出，跨凤乘龙经常出现：在前期有一波上涨，然后出现快速回落，其后进行一个窄幅的平台整理，在整理完毕后拉出长阳线突破对应上之前的长阴线，再转为新一轮的上涨。因此，有的理论体系如缠论中就把这一段整理称为中枢阶段，其本质是盘整阶段的结束。

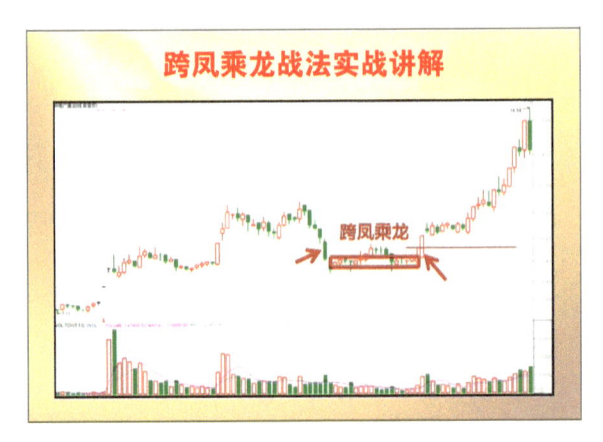

图 4-48　跨凤乘龙模型案例（一）

从主力角度出发理解也是合理的，既然主力在之前拉升了一段，说明介入是比较深的，而出现回落后开始连续的窄幅震荡，说明主力并不想就此罢手，否则会选择持续的出货导致股价下跌。既然不想出局，就必定还要拉升，这时的盘整就是一个时间换取空间的过程，只是这个时候比较考验投资者的耐心（图 4-49）。

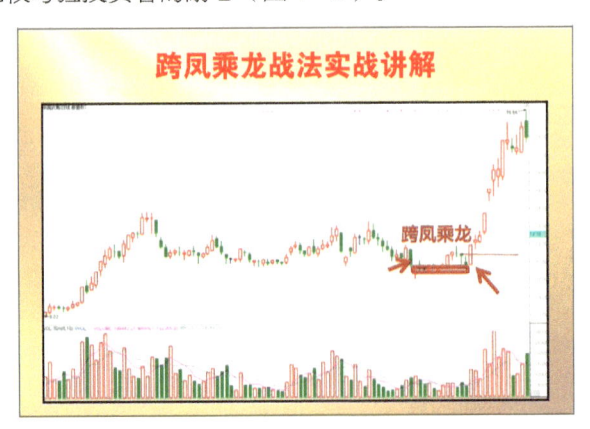

图 4-49　跨凤乘龙模型案例（二）

跨凤乘龙的观测要点：一是长阴线不会导致股价的整体破坏，不能说一回调就下跌百分之三四十，那整体形态都已经完全破坏，不能套用简单的模型进行观察;二是在乘龙的时候最好是涨停突破,这才能显示突破的力度,如果只是小阳线,那么本质上还是在通道里的整理(图4-50)。

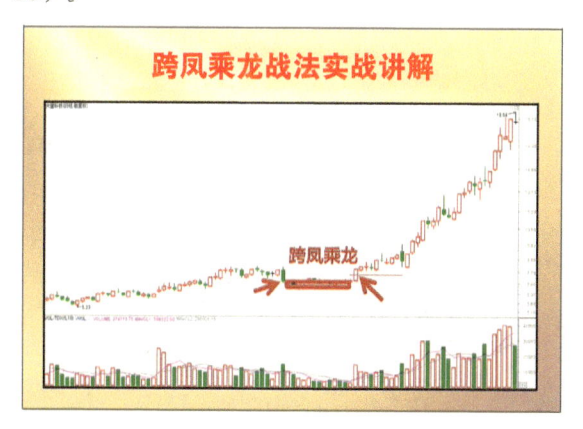

图4-50 跨凤乘龙模型案例(三)

从图4-51中可以看到,另一个难点是跨凤乘龙有一个较长时间的盘整时间,而且这个时间不固定,在复盘表中很难从头到尾跟踪。最佳的方法是盯紧长阳线,每天都复盘,能够第一时间发现这个模型。

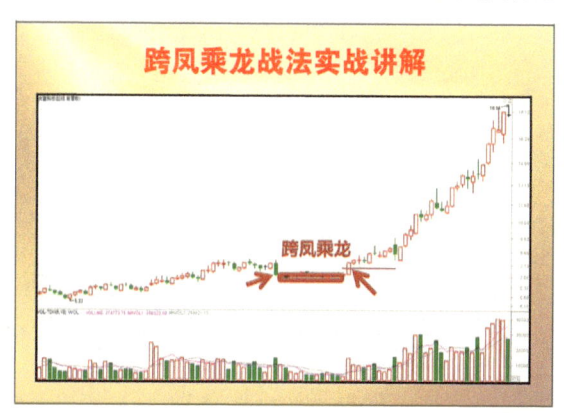

图4-51 跨凤乘龙模型案例(四)

直捣黄龙模型

直捣黄龙的战法模型（图 4-52）本质上是旗形形态的一种突破，在突破上轨的时候出现明显的放量，并且是长阳线突破的 K 线形态。

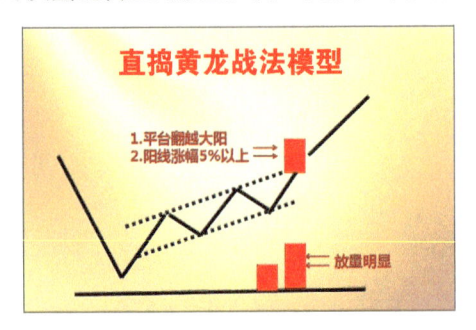

图 4-52　直捣黄龙模型（一）

股价在旗形通道内逐步上行，但还没有拉出主升浪，股价回落形成的低点连接形成下轨，反弹的高点连接形成上轨，在最后突破上轨的时候，如果是放量的长阳线，就形成了直捣黄龙的战法形态（图 4-53）。这时往往会拉出一波主升浪。

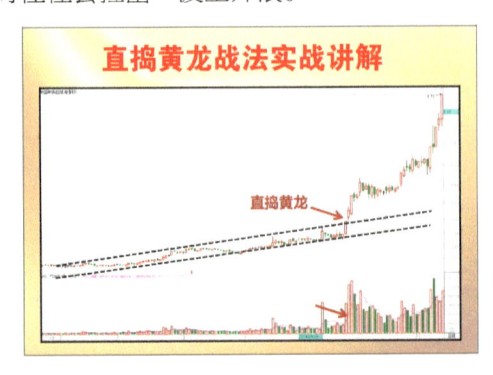

图 4-53　直捣黄龙模型（二）

直捣黄龙并不是一个短线的战法模型，尤其前期经历了长时间的反复震荡，这个阶段出现涨停的长阳线比较少，所以不容易跟踪。但是，如果主力反复震荡上行吸筹，必定有可以被市场接受的逻辑，一旦出现长阳线突破，形成直捣黄龙模型，主力大概率拉一波主升浪。

同样，由于前期存在很长时间的震荡上行，并且不出现涨停的长阳线，所以不容易被跟踪。同时，在复盘表出现的次数也不多。因此，出现放量涨停并且有突破走势的时候，需要看整体形态是否符合直捣黄龙的模型。如果符合，就要积极关注。利用决战长阳的战法盯住涨停阳线，可能不会对个股从头到尾都跟踪，但比较容易跟踪到股价上涨最主要的主升浪阶段（图 4-54）。

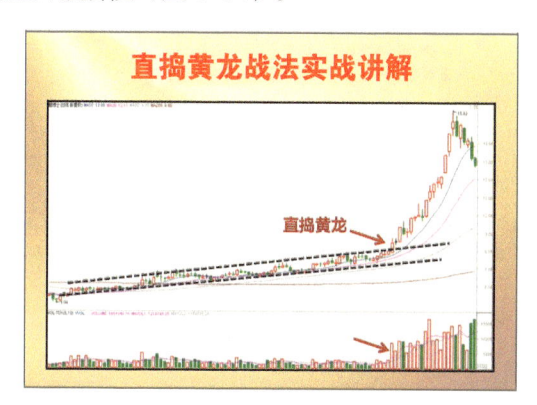

图 4-54 直捣黄龙模型案例

鱼跃龙门模型

鱼跃龙门的战法（图4-55）需要和其他指标进行配合，模型的原理是出现温和放量的两根阳线，并且是两根光脚的阳线，其中第二根阳线幅度越大越好，但量能不能过分放大，同时整体的股价在BOLL线中轨的上方，这就形成了鱼跃龙门的战法。

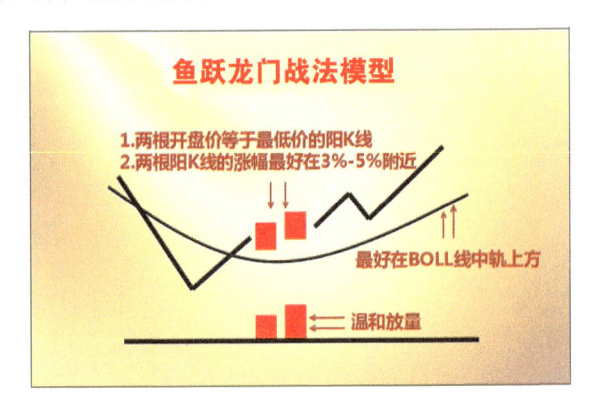

图4-55 鱼跃龙门模型

从图4-56中可以看到，首先出现两根光脚的阳线，并且量能出现温和的放大，同时股价运行在BOLL线的中轴上方，从股价运行的总体看来就会形成一种多头排列，有继续向上突破的可能性。

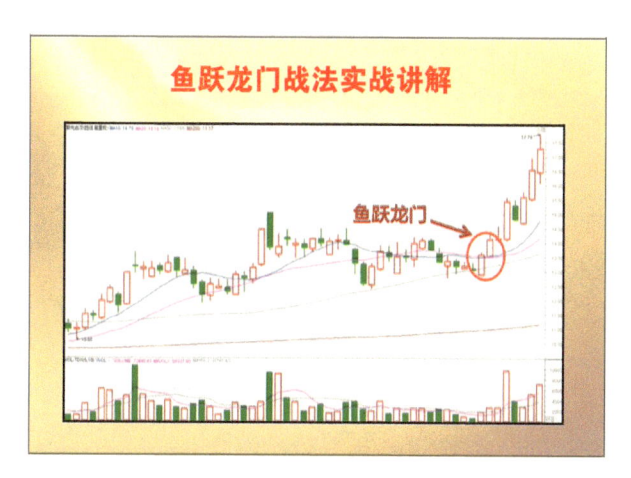

图 4-56 鱼跃龙门模型案例（一）

图 4-57 也是一个较好的说明，在 BOLL 线的中轴之上连续出现两根光脚的阳线，其后开始拉出一波主升浪，还出现涨停后的落英缤纷形态。从图 4-57 中可以看到，鱼跃龙门买点的位置更低一点，但也容易出现失效的可能，所以仍可以根据决战长阳的战法选择买卖时机。

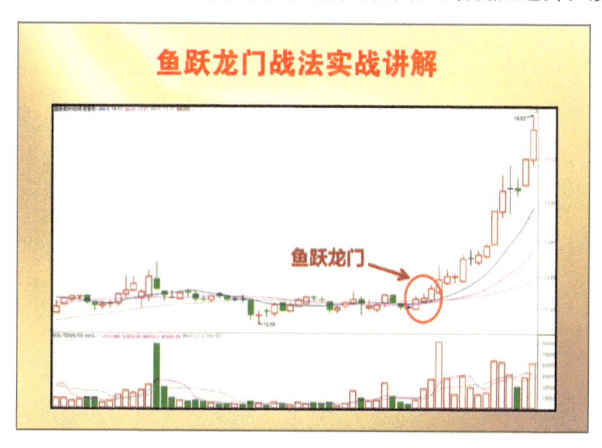

图 4-57 鱼跃龙门模型案例（二）

神龙摆尾模型

神龙摆尾的模型（图4-58）是一个时间相对较长的战法模型，在出现长阳线后，其后股价一直保持盘整，但是始终不会跌破长阳线的起点位置，保持较长时间的整理，好像在长阳线后面有一根长长的尾巴。

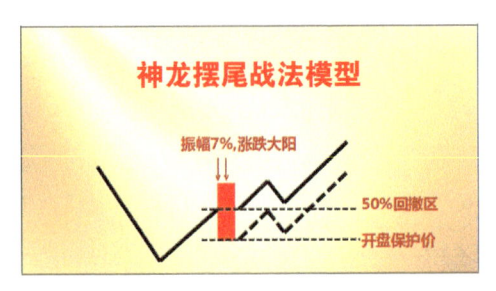

图4-58　神龙摆尾模型

图4-59是一个较为典型的神龙摆尾，出现涨停长阳线后，股价一直在横盘整理，但是并不下破长阳线的起点，随后逐步上涨形成新一波的涨势。

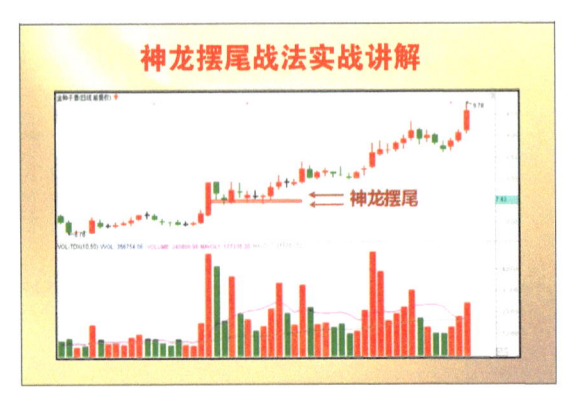

图4-59　神龙摆尾模型案例（一）

当然，在横盘整理中也会出现阳线，是否算突破呢？这就要看两个方面：一方面是否过去长阳线的高点；另一方面长阳线是否突破。从图4-60中可以看到，在突破前面一根长阳线高点的K线是放量长阳线，形成了一个对应的关系，这就可以确认突破成功。

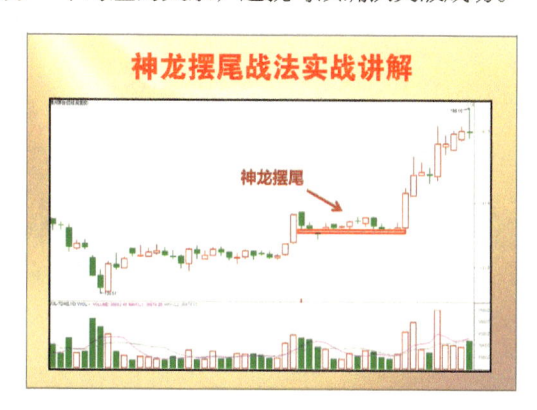

图4-60　神龙摆尾模型案例（二）

如果神龙摆尾突破前期长阳线的一根K线是涨停长阳线，就更加明确了买点（图4-61）。有一种情况是，第一根长阳线是涨停，而第二根突破的长阳线也是涨停，这就变成双剑合璧的模型。可见，决战长阳的战法模型就是具备交错反复出现的特征，如果在短期内连续出现决战长阳的各种模型，说明资金在这只个股上是很活跃的。

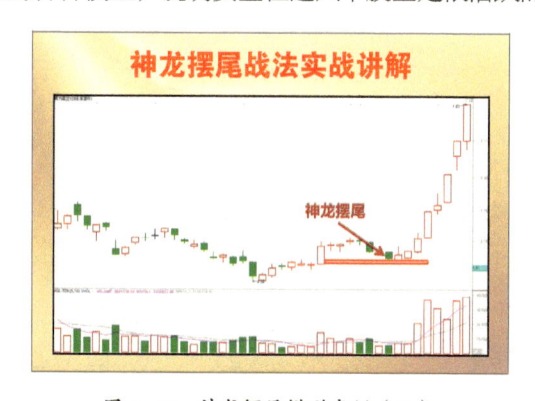

图4-61　神龙摆尾模型案例（三）

第五章 技术指标应用

均线系统的应用

移动平均线是投资者常用的技术指标，也是在 K 线图上常看到的指标。移动平均线是一定交易时间内的算术平均线，其最早由美国的投资专家格兰维尔创立，由道氏理论的三种趋势说演变而来。移动平均线的基本特性是利用平均数来消除股价不规则的偶然变动，以观察股市的动态变化。移动的天数越少，移动平均线对于股价随机变动的反应就越灵敏；移动的天数越多，移动平均线所包含的偶然性就越少。由于移动平均线在股市中利用得最多，且修改方便，所以受到众多投资者青睐。对于短期、中期和长期的均线设置来说，每人设置的参数不同，通常短期是 5 日，中期是 10 日，长期是 30 日或设置更多。由于每个人的理解和应用不一样，短、中、长期投资也没有明确的界限划定，在使用中，通常短线大多采取 5 日平均线，中期平均线考虑采用 20 日，长期平均线可考虑采用 60 日均线。

移动平均线揭示的是当前市场的平均成本，通过对平均成本的比较，结合其他方面的分析，就可以了解到市场的概貌，以及自己所处的位置是否有利。比如，指数跌破了年线位置，就说明这一年买进股票的投资者全部被套（这是从全体投资者角度考虑，不是说所有人都被套，事实上在任何行情中都有人赚钱，只是这个数量相对较少，不对占比较多的数量产生影响）。

移动平均线主要的功能之一是显示股价波动的方向，即通常所说的上升趋势还是下降趋势。判别的方法也比较简单，如果移动平均线向下，则趋势向淡；如果移动平均线向上，则趋势向好。短期移动平均线反映的是短期趋势的好坏，中期移动平均线反映的是中期趋势的好坏，长期移动平均线反映的是长期趋势的好坏。在股票的运行过程中，股价反复波动也会导致移动平均线的反复上下，从而形成"黄金交叉"或"死亡交叉"（俗称的"金叉"和"死叉"）。从理论上来说，天数较少的移动平均线上穿天数较多的移动平均线就形成"金叉"，这是一个买入信号；时间较少的移动平均线下穿了天数较多的移动平均线形成"死叉"，这是一个卖出信号。由于每人使用的天数和习惯不同，设置的移动平均线也不同。以下案例将短期移动平均线设置为5日、中期移动平均线设置为20日、长期移动平均线设置为60日来进行讲解。

如图5-1所示的上证指数图中，第一个短期趋势线下穿中期趋势线形成"死叉"后，指数出现了连续的下挫，而在其后股价逐步企稳，短期移动平均线又开始逐步上扬并上穿中期趋势线后形成了"金叉"，这些对应的都是买卖点的参考。

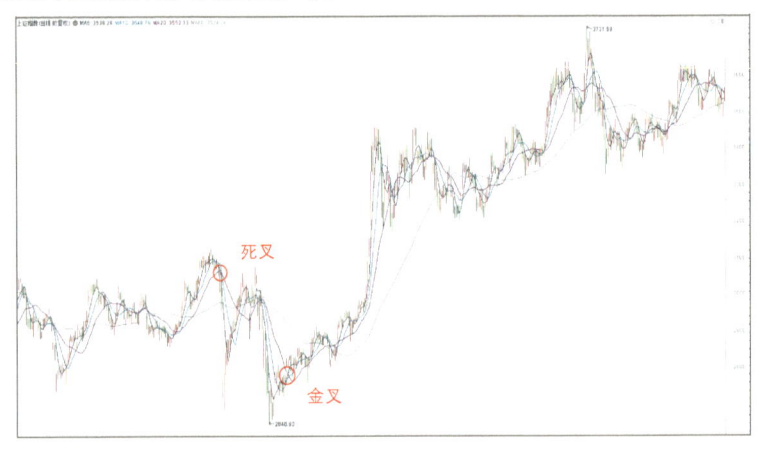

图5-1 均线系统案例分析（一）

同样趋势线的"金叉""死叉"也可以用在个股上，图5-2中在第一个红框内出现了短期趋势线上穿中期趋势线的"金叉"，在股价最后上涨中还出现了中期趋势线上穿长期趋势线走势，都是"金叉"的买入信号。第二个红框在短期趋势线再次上穿中期和长期趋势线的时候，形成了第二次"金叉"买入信号，在出现两次"金叉"买入信号之后股价都出现了一段大的涨幅。而在第三个红框股价回落的时候形成了短期趋势线下穿中期趋势线的走势，这就是一个"死叉"，是

一个卖出信号，其后股价也是连续走弱回调。

图 5-2　均线系统案例分析（二）

移动平均线另一个作用是助涨助跌。在股市中移动平均线朝一个方向移动，通常将维持几个星期或几个月后才会发生反转，朝另一个方向移动。因此，在股价的上升趋势中可以将移动平均线看作多头的防线，具有助涨的作用。而在股价的下降趋势中可以将移动平均线看作空头的防线，具有助跌的作用。

图 5-3 中，在出现"金叉"后股价持续上涨，在一段时间内，股价几乎都运行在短期、中期和长期移动平均线的上方，即使有回调，也没有移动平均线的下穿。这就是典型的多头排列组合。

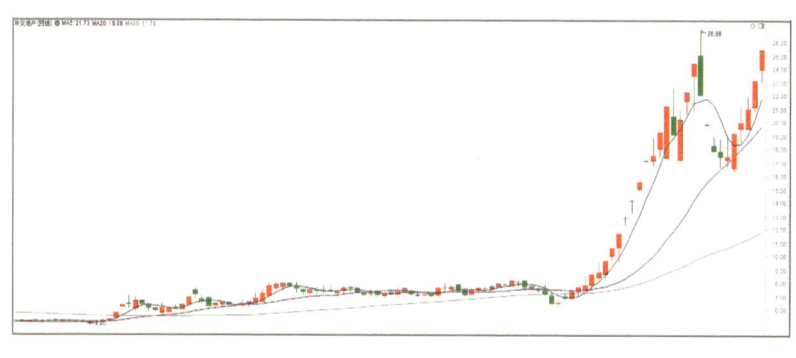

图 5-3　均线系统案例分析（三）

图 5-4 中，在股价回落且在两个红框都出现"死叉"后，股价也是后期持续下跌，一直沿着均线逐步回落，几乎没有成功反转再次形成短期均线向上突破中期和长期均线的走势，股价大部分时间在各种均线下运行。这就是比较典型的空头排列，也是股价长期弱势运行的标志。

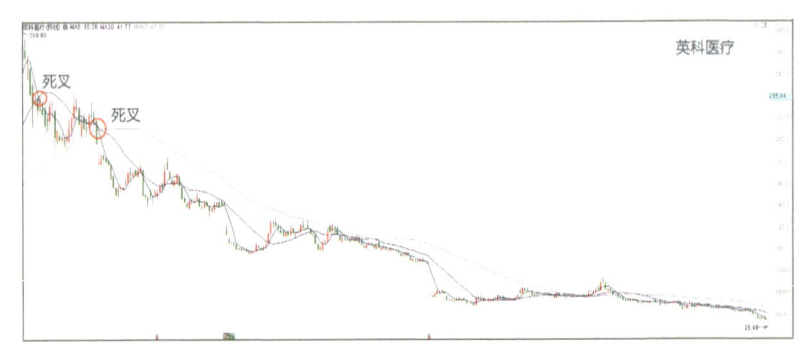

图 5-4　均线系统案例分析（四）

均线看上去应用方便简单，在实战中却也有诸多限制，股市千变万化，不可能一个简单的指标就能够盈利。运用移动平均线主要有以下三个方面的限制。

一是移动平均线是天数的股价平均数，每人使用的天数不同，结果就会不同。例如，在这运用的是 5 日、20 日、60 日平均线，但是一般交易系统默认的设定值并不和我们设定的一致，而且关于短、中、长的时间并没有一个标准，所以 1000 个人可以有 1000 种趋势平均线的设定方法，没有一种方法能够完美地做到百战百胜，市场也有一些"平衡线""生命线"等的"神秘线"，不过是设定了一个日期参数，不存在股价超过某某线就可以买入、跌破某某线就卖出这种简单的买卖方法。如果这种方法可行，那么所有投资者自行设定一根平均线，例如 30 日或者 60 日，或者半年线、年线作为决策依据，岂不是人人都是投资大师了。

二是移动平均线具有一定的滞后性。从上面案例可知，在出现"金叉"的时候，股价已经上涨了一些，甚至上涨了不少；而出现"死叉"的时候，股价已经下跌了不少，甚至已经出现了长阴线。单纯根据"金叉""死叉"操作不一定能够获取较高利润。因为平均线具备滞后性，也很容易被主力利用进行反向操作，出现"金叉"的时候卖出筹码，出现"死叉"借机洗盘等。毕竟主力和散户都在一个市场，假如可以简单到用平均线就能解决所有问题，就不存在双方的博弈。

三是移动平均线的应用对于大趋势还比较好用，但是在震荡市场上存在弊端。在震荡市场中个股股价容易短期内上下反复波动，造成"金叉""死叉"在短期内反复出现。如果是根据"金叉""死叉"来操作，不但不盈利，短期买卖频繁还会导致亏损。所以运用平均线系统来实战，还需要更多的参考依据和方法。

从图5-5中可以看到，第一个"金叉"出现后不久股价出现"死叉"，但是此时股价比"金叉"时价格还低，只根据"金叉"买入、"死叉"卖出的理论操作将会导致亏损；而其后再次出现"金叉"后，虽然股价上涨，但是如果没有及时止盈，就算出现长阴线，平均线上也不会出现"死叉"信号。等出现"死叉"信号后，股价已经跌停。后续股价连续出现跌停，也就意味着根据这种方法生搬硬套的操作不但不盈利甚至会产生较大亏损。

如果利用移动平均线来作买卖点的参考，就需要更多的方法。应用三根均线的交错关系来进行参考，如银山谷和金山谷。

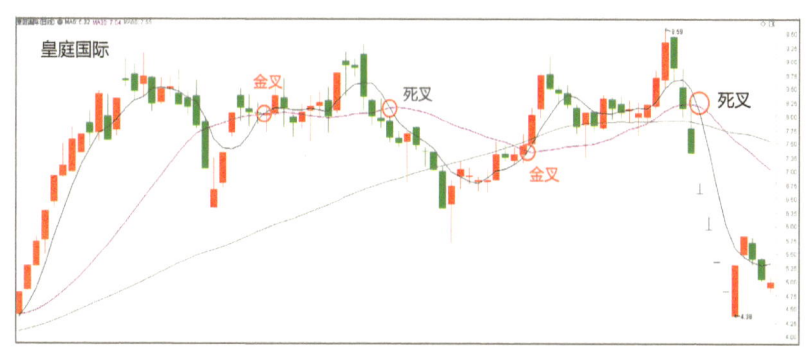

图5-5 均线系统案例分析（五）

银山谷（图 5-6）的特征是：短期均线由下往上穿过中期均线和长期均线，中期均线由下往上穿过长期均线从而形成了一个箭头朝上的不规则三角形。这个三角形说明多方已经积累了相当大的上攻能量，是一个较为典型的买入信号。

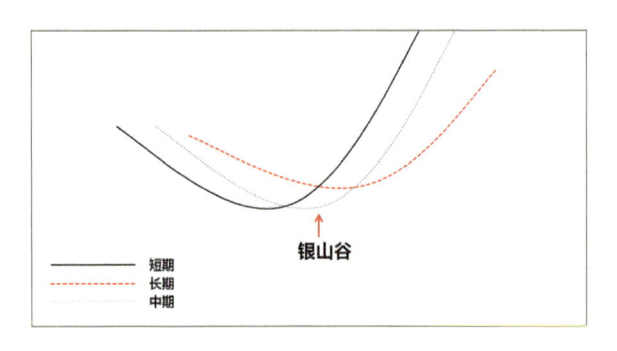

图 5-6　银山谷模型图

图 5-7 是一个较为典型的银山谷形态，在短期移动平均线上穿中期平均线后，中期平均线其后上穿长期平均线，形成了一个银山谷，出现银山谷之后股价继续拉升，该股在其后的运行中上涨了 3 倍有余。

图 5-7　银山谷模型案例（一）

图 5-8 也是银山谷的案例，与前面案例一样，在短期趋势线上穿

中期趋势线后，中期趋势线继续上穿长期趋势线，形成了一个银山谷。观察图 5-8 还可以看到，在形成银山谷的时候伴随的是长阳线的启动，起到了决定性的反转作用。而长阳线后的走势也符合决战长阳的战法模型，所以指标的应用往往是多方面的。

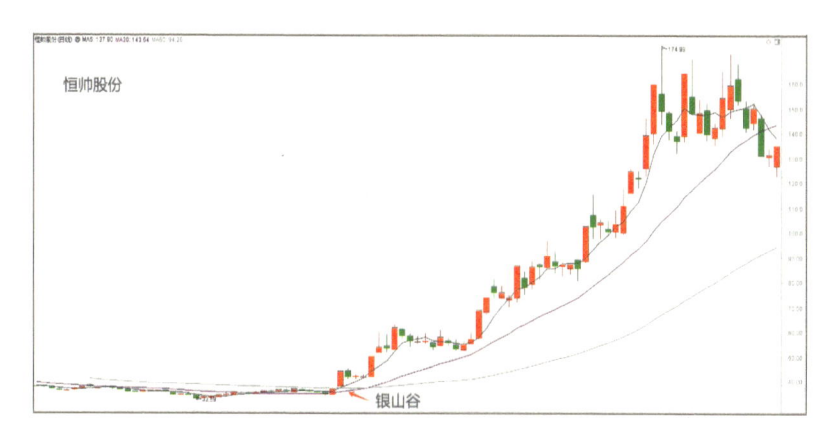

图 5-8 银山谷模型案例（二）

仅靠一个银山谷是不够的，首先个股不一定会出现银山谷，随着时间的拉长银山谷三角形并不明显，有时候出现银山谷后继续盘整或者波段前行，让投资者比较难以把握是不是银山谷，是否可以买进，所以稳健的投资者还会考虑银山谷后面是否还有金山谷（图 5-9）。

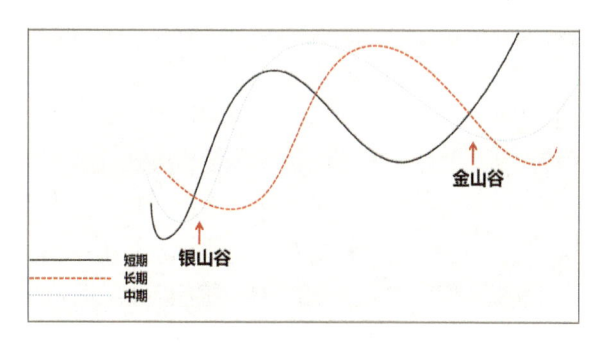

图 5-9 金山谷模型

从图形的形成来看，金山谷和银山谷的构成结构没有不同，只是出现的时间不同。金山谷出现的高度通常会高于银山谷，但这不是绝对。从理论上来说，金山谷出现的时间间隔前面银山谷时间越长，买进信号的作用越强。也就是说，金山谷的出现既是对银山谷做多信号的再一次确认，又说明多方在有了前一次上攻经验后，这次准备得更为充分，成功的概率更高。

图 5-10 是一个银山谷和金山谷都出现的案例，金山谷略比银山谷出现的位置高，在金山谷出现后，涨势比银山谷更为凌厉。

图 5-10 金山谷模型案例（一）

在实际的应用中，有时候出现银山谷后股价直接上涨，不出现第二个金山谷，而有的金山谷位置会比第一个银山谷的位置高很多。如图 5-11 所示，在金山谷出现的时候，实际上比银山谷出现位置的股价要高出 20% 以上，那岂不是在银山谷买入更好？其实这就是在风险和机会之间进行权衡。在银山谷买入后获利的机会可能更多，但是风险也更大，因为第一个银山谷失效的概率更大。而在金山谷买入的投资者风险更小，概率更高，但获利的高度可能小于银山谷，这就是有所得必有所失。根据一般的情况统计来看，银山谷买入后股价成功上涨与失败的概率为 7 : 3，而金山谷买入后股价成功上涨与失败的概率为 8 : 2，所以两者所冒的风险是不一样的。当然，如果要大幅提升银山谷和金山谷的成功率，就应该在出现银山谷和金山谷时，看是否有决战长阳的战法模型出现。

图 5-11 金山谷模型案例（二）

也可以利用移动平均线来进行卖点的判断。例如，死亡谷就是一个很好的卖出信号，听此名字就知道这个形态后期的走势几乎都是下跌。

死亡谷（图 5-12）的特征是短期均线下穿中期均线、中期均线下穿长期均线，从而形成一个尖头向下的不规则三角形。死亡谷的出现，表明空方已经积累了相当大的杀跌力量，这是一个典型的卖出信号，而且这个信号出现后股价下跌的概率在八成以上，并且后面跌幅还很大，因此看到死亡谷都要尽快回避出逃。

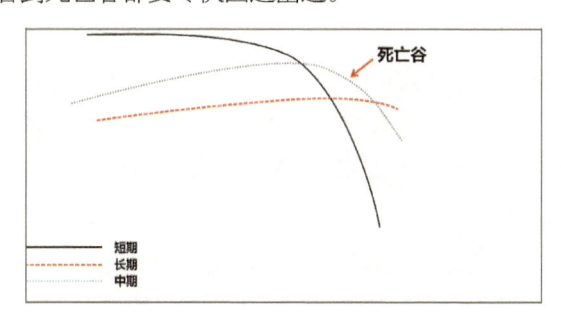

图 5-12 死亡谷模型

图 5-13 中，当出现死亡谷的形态后，股价一路下行，多方完全失去抵抗。假如不作任何处理，持股不动，那么资产必将遭到巨大的损失。

图 5-13　死亡谷模型案例（一）

图 5-14 同样如此，在出现死亡谷后，股价虽然没有立刻下跌，但不过是暴风雨的前夕，稍停留整理后，开始逐步一路下跌。股市是一个风险较高的投资市场，要想在股市盈利，首先要学会如何规避风险。出现死亡谷是一个信号，死亡谷出现后要及时离场，避免造成很大损失。如图 5-14 所示的案例，加入持股不动，短期从 160 元跌到八九十元，股价遭遇腰斩。之所以等死亡谷出现，是因为出现死亡谷往往股价已经下跌了一些，没有人能够每次卖在最高点，能卖在最高点的大多是靠运气，股票的利润来自利差，因此重要的是把握好趋势和买卖点，努力获得概率较大的一段利润。如果进一步做到比出现死亡谷更早发现个股的风险，就要了解长阴线，继续深入学习决战长阳的各种买卖模型，以及长阴线对应的各种形态学。

图 5-14　死亡谷模型案例（二）

还有其他利用移动平均线来判断趋势改变的，如蛟龙出海和断头铡刀两种相对应的模型。

蛟龙出海（图 5-15）是一种趋势反转的形态，其特征是长阳线实体很长，将短期、中期和长期均线全部吞没。蛟龙出海是反转的信号，说明行情或者股价发生了质变，虽然后期也可能有小幅整理，但大的方向已经确定，这和决战长阳关于长阳线的定义一样，是由弱转强的标志。这时候投资者可以准备好资金逐步吸纳，逢低可以继续买进筹码，逐步加大仓位。一般投资者尤其前期有被套的最容易犯的错误是，在已经出现长阳线或者蛟龙出海的形态后，还在盲目看空，选择逢高减仓，这样一旦抛出筹码，上涨后很难克服心理障碍，不敢在更高的位置买回来。

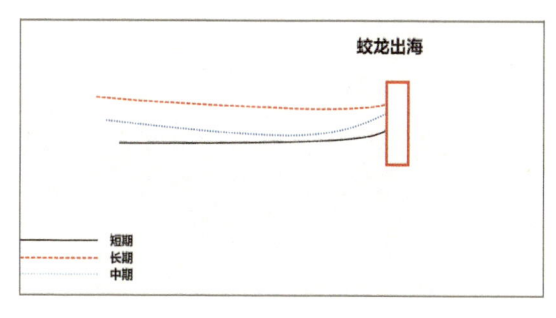

图 5-15　蛟龙出海模型

图 5-16 是一个典型的蛟龙出海模型，一根长阳线直接贯穿了三根平均线，短暂整理后有一波翻倍的走势，在这个位置抛出筹码的投资者将后悔莫及。

图 5-16　蛟龙出海模型案例（一）

图 5-17 也是一个蛟龙出海的案例，可以看到长阳线贯穿三根平均线后，尽管短期股价有少许回落，但不久后股价开始逐步向上。股价在回落过程中总并不是卖出的时候，反而是逐步买入的时候。可以发现，在图 5-17 中所标注蛟龙出海的长阳线之前还有一根是同样的蛟龙出海，贯穿三线的长阳线，同样是回落后出现上涨，说明这个主力比较擅长使用这个形态。如果结合第四章中介绍的决战长阳的各种战法，将能更好精准地把握买点。

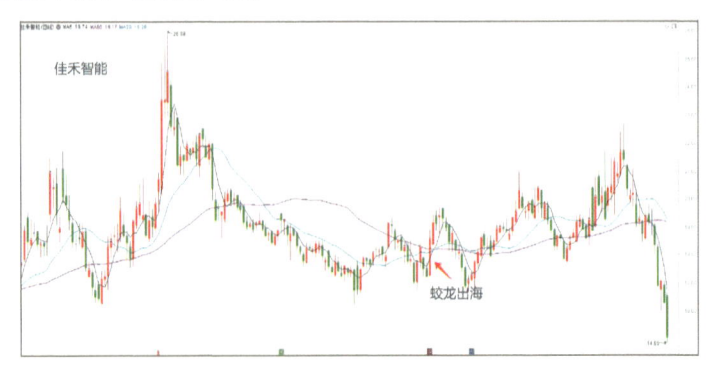

图 5-17　蛟龙出海模型案例（二）

与蛟龙出海模型相反的模型是断头铡刀模型（图5-18）。断头铡刀是一个典型的卖出信号模型，其特征是一根长阴线直接跌破短期、中期和长期平均线，引发趋势的改变。这也符合长阴线是趋势由强转弱的标志的说法。一般来说，出现断头铡刀形态时，要高度注意，短线要立刻减仓或者离场，中长线投资也需要进行减仓操作。

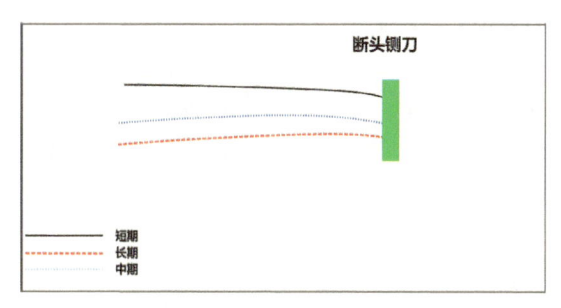

图5-18　断头铡刀模型图

从图5-19中可以看到，一根长阴线直接斩落三根趋势平均线，形成了断头铡刀的走势，其后股价也是持续下跌，断头铡刀改变了股价原本的运行形态，股价在断头铡刀模型出现后也腰斩。

图5-19　断头铡刀模型案例（一）

图 5-20 中标注的断头铡刀出现后，股价也是一路下跌，但在实战中会存在两个问题：一是在断头铡刀出现前，实际上股价已经出现了不少的跌幅，所以断头铡刀出现的位置并不一定是股价比较高的位置；二是每人设置的平均线数值不一样，假如设置的长期平均线数值较大，那么长期平均线将会离短期和中期平均线较远，即使出现长阴线，也不一定能够吞没长期平均线，很难出现断头铡刀的形态。因此，在应用断头铡刀的时候，平均线设置是一个关键基础，如果要卖的位置更高，就必须研究量价关系，并且更多利用决战长阳各种买卖战法模型来综合判断。

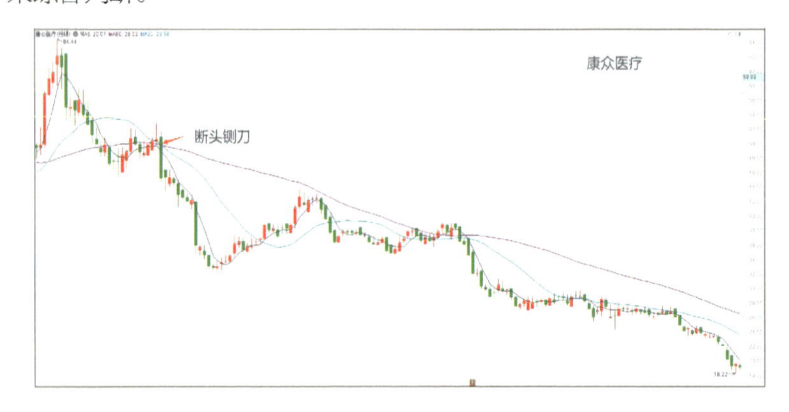

图 5-20　断头铡刀模型案例（二）

MACD 与 KDJ 指标用法

对于股民来说，常用的指标一般包括 MACD、KDJ、BOLL、RSI 指标，每种指标各有利弊，但是如果能够稍做修改或者结合使用，在实战中还是具备一定的参考意义。

先讲利用 MACD 和 KDJ 指标来进行买卖点的参考，在利用指标之前，先作一些修改，让指标变得在实战中更具有参考性。例如，MACD 指标，由于默认的参数可能导致拐头的延迟，效果就会变得不佳，有时候股价已经上涨了许多才发出买入的"金叉"信号，有时候股价已经下跌了不少才发出卖出"死叉"信号，所以在实际应用中，尤其震荡市场中很容易导致失效，这是被投资者诟病较多的地方。

那么可以首先将 MACD 设置成快线为 5、慢线为 45、平均为 5，这样设置后可以看到 MACD 不再出现频繁的波动，相对比较稳定，这也是美国混沌理论的设置方法之一。KDJ 可以设置为 5、15、25，这样设置后同样可以消除 KDJ 频繁地上下发出"金叉""死叉"信号而失去参考意义，在实际应用中这两个形成共振，参考意义更大，如果是决战长阳复盘表里的个股，那么将更具有实战的意义。

图 5-21 是一个修改后指标形成共振的一个案例，在出现两个指标的"金叉"共振之前也是有过表现的，出现过长阳涨停也符合决战长阳复盘表里的个股，在形成共振后股价出现了一波主升浪，短期股价就上涨了五成有余。

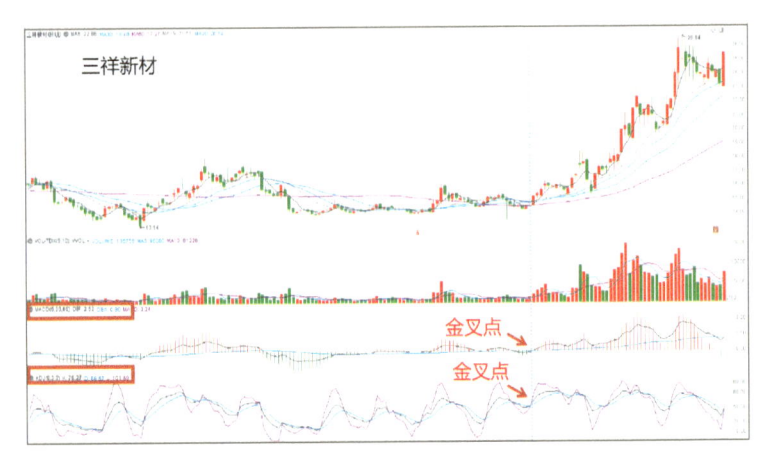

图 5-21 指标共振案例分析（一）

图 5-22 同样如此，在闽东电力不断地盘整筑底过程中出现过进场长阳线，做了比较标准的旗形通道整理，也是以长阳突破，而在突破的交易日当天，MACD 以及 KDJ 都形成了买入"金叉"，形成了共振，而这天之后，股价迅速拉升，在很短的时间里翻了 1 倍。

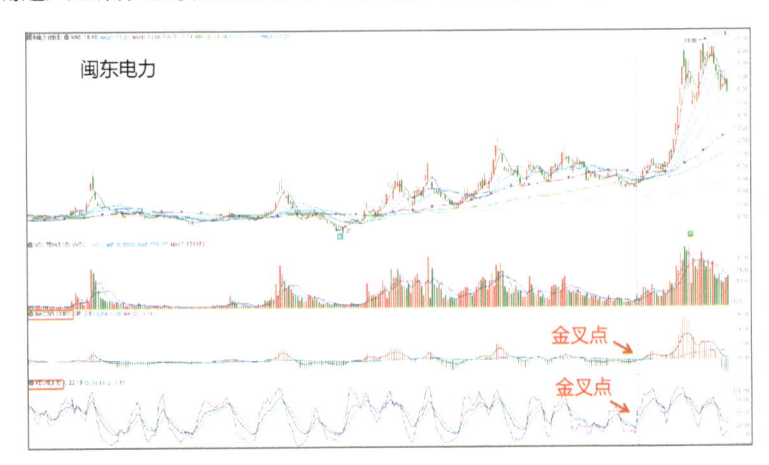

图 5-22 指标共振案例分析（二）

还可以利用 MACD 和 KDJ 的组合来参考买卖点，如底部三分三合买入法、底部"金叉"首合双谷买入法、中部背离分买合卖法、高位三合双峰卖出法。

底部三分三合买入（图 5-23）的原则是在 MACD 不断的变化中，尤其是在回调阶段，不停地出现向上的聚拢以及向下的发散，形成似乎要上穿和不断向下发散的分开后，在连续三次分合后出现的买点。这种情况有时候会因为分与合不明显难以数出分合的次数，所以最好是结合复盘表和决战长阳战法来进行综合的参考。

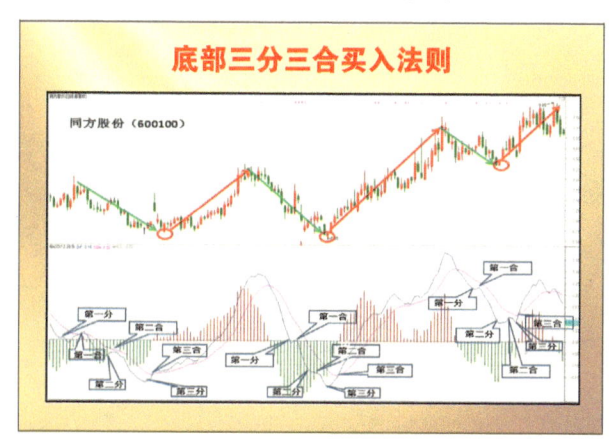

图 5-23　底部三分三合买入模型

底部"金叉"首合买入（图 5-24）是股价在底部出现的买入方法，底部出现"金叉"后但股价还没有出现太大上涨，其后股价回落中均线逐步合拢。这是一个买入的点位，但不能生搬硬套所有的个股买入，最好按照决战长阳的思路自上而下，先弄明白个股上涨的逻辑，确定所述热点的持续能力，再从复盘表中寻找，根据长阳出现的形态进行选择，底部"金叉"只是其中一个参考因素。

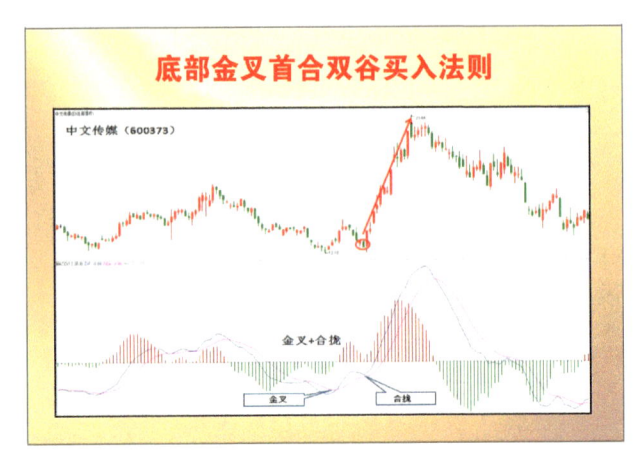

图 5-24　底部金叉首合双谷案例（一）

如果逻辑正确，而且在 MACD 的 0 轴下方出现两次"金叉"，同样是"金叉"首合买入的参考方法之一。图 5-25 是一个比较典型的这种形态。但无论是决战长阳战法，还是利用 MACD 和 KDJ 共振的方法，都是解决的买入问题，而卖出需要看量价的组合关系以及形态，当然也可以利用指标来进行参考。

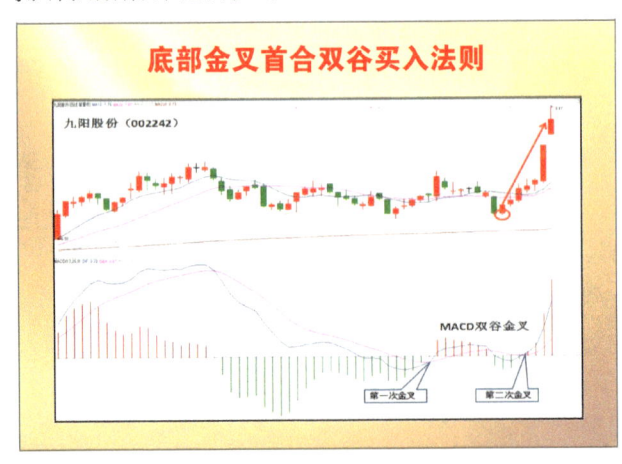

图 5-25　底部金叉首合双谷案例（二）

中部背离分买合卖（图5-26）的法则从大趋势看是股价逐步地波浪上行，MACD却趋势逐步向下，形成了一个背离现象。虽然从逻辑上来说，可以按照每一次双线分离的时候买入，在双线合并的时候卖出，在实际操作中这样也是有一定风险的；但是对于卖出来说，在出现股价和MACD背离时，假如再次上穿后再次转为分离，都是卖出的时机。

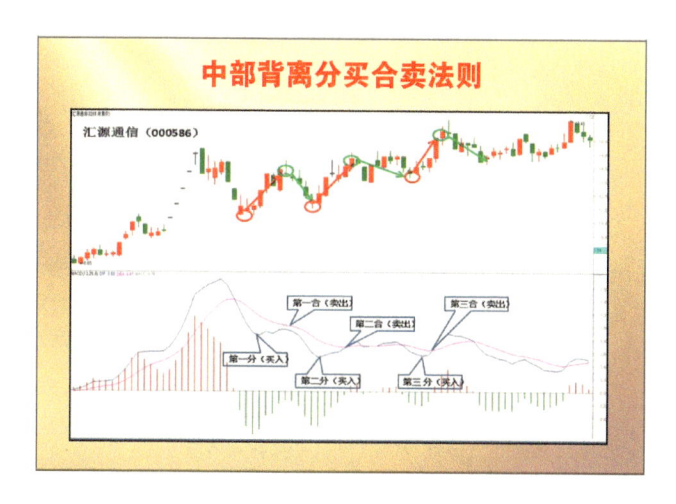

图5-26　中部背离分买合卖案例

股价上涨过高，导致MACD的值不断上行，在高位出现了三次合拢的形态也是卖出的信号（图5-27），尤其是出现"死叉"后，高位的"死叉"加上股价的量价关系可以作为卖出股票的重要参考。

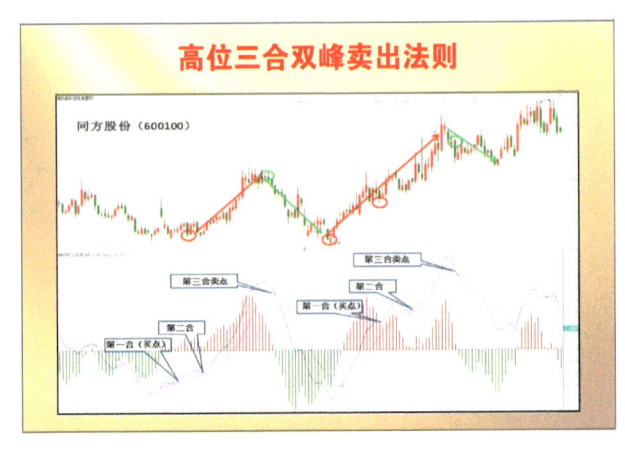

图 5-27　高位三合双峰卖出案例

KDJ 指标的应用主要是底部双谷五浪买入法和高位双峰五浪卖出法。

KDJ 的值比较容易变动，不能简单以一次"金叉"或者"死叉"来进行买卖的决定，当然，和 MACD 配合是一种办法，还有就是根据双谷五浪来进行判别。在 KDJ 值变化的过程中要数出五浪对于一般的投资者而言难度较大，所以可以用低位的两个低点谷底作为底部信号的参考（图 5-28）。

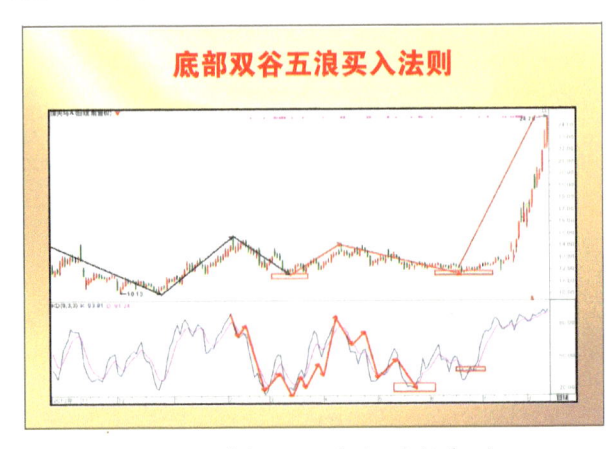

图 5-28　底部双谷五浪买入案例（一）

对于比较明显能数出 KDJ 五浪的，可以在底部作为双谷底参考，实际应用上，KDJ 的波浪并不规则，因此可以作为一个底部的参考。但是，作为买入依据还太过单薄，最好是结合 MACD 一起使用，同时先利用决战长阳的战法模型来选择买点（图 5-29）。

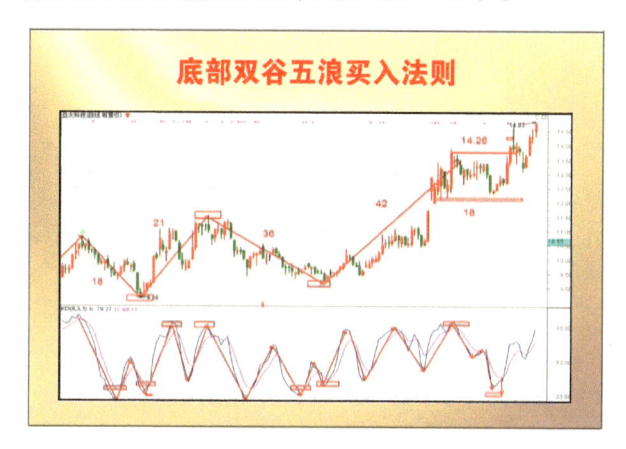

图 5-29　底部双谷五浪买入案例（二）

KDJ 的双峰五浪卖出法则和双谷五浪是截然相反的方法，在股价不断上行后，出现两次 KDJ 值的两个波峰，并且有"死叉"出现，那么第二个"死叉"位置可以考虑出局（图 5-30）。

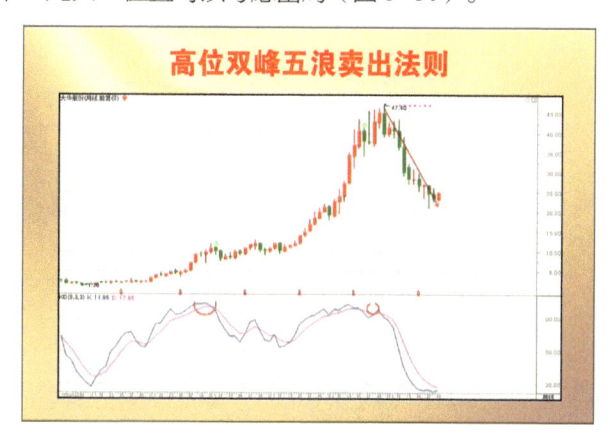

图 5-30　高位双峰五浪卖出案例（一）

假如能够较为清晰地数出 KDJ 的波浪，并且明显出现短期的高位，位置到了前期新高，这时配合长阴线出现，都是股价随时回落的标志。利用 KDJ 主要判别一个区域是不是一个值得去卖的区域，具体的卖点可以根据量价关系以及长阴线的出现作为参考（图 5-31）。

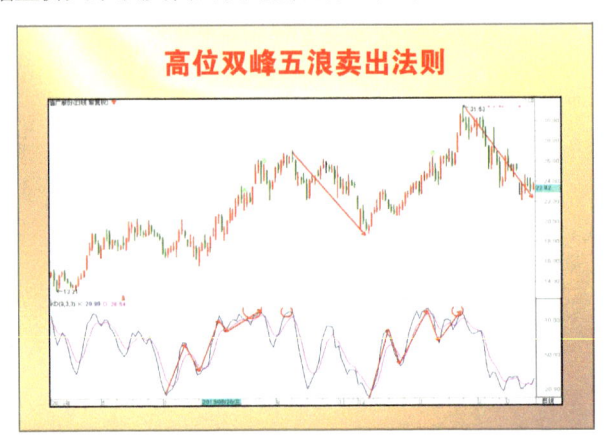

图 5-31　高位双峰五浪卖出案例（二）

BOLL 线和 RSI 的应用

BOLL 线和 RSI 也是股民经常使用的指标，下面介绍这两个指标的一些实战用法。

BOLL 线买入喇叭口模型（图 5-32）是在股价的上涨过程中，BOLL 线从开口到缩口，其后出现长阳线突破 BOLL 线的上轨，这时候是一个买入时机。

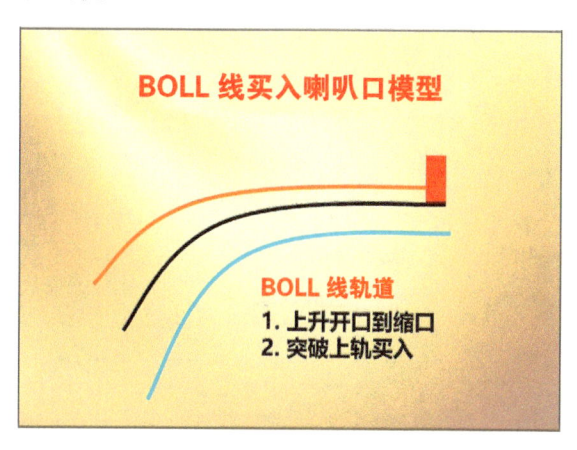

图 5-32　BOLL 线买入喇叭口模型

对于少数资金难以影响的指数来说，BOLL 线会更有效。图 5-33 是某时间段上证指数的运行情况，可以看到在经历了 BOLL 线开头逐步上升转为缩口后，股价逐步盘整上行，最后出现了放量的长阳线突破 BOLL 线的上轨，这是一个买点信号。

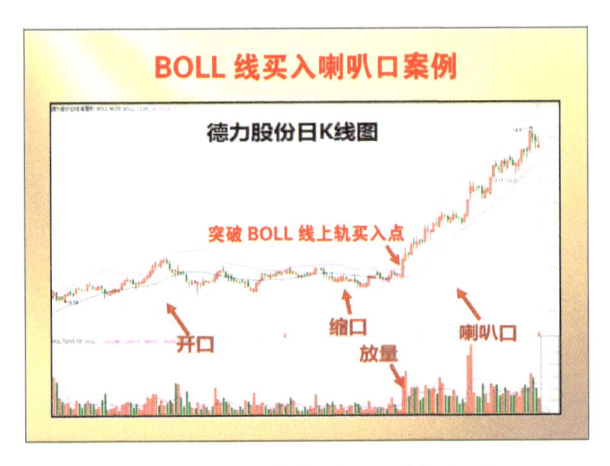

图 5-33　BOLL 线买入喇叭口案例（一）

图 5-34 也是一个 BOLL 线喇叭口的案例，在横盘阶段股价不停整理的时候，BOLL 线也从开口到逐步地收紧，最后一根带量长阳线突破 BOLL 线的上轨，形成了买点，拉出了一波主升浪。

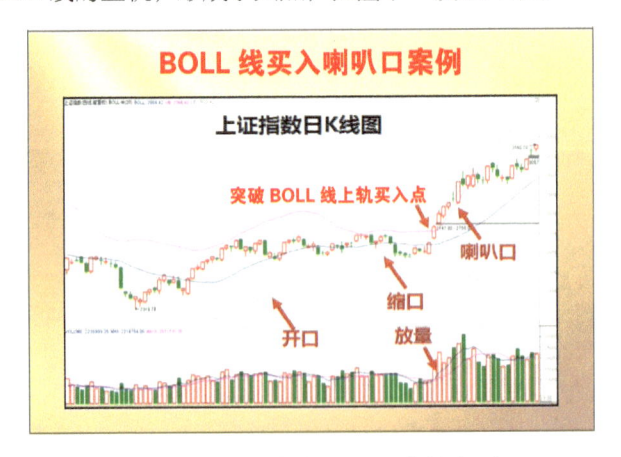

图 5-34　BOLL 线买入喇叭口案例（二）

图 5-35 中 BOLL 带的突破买点和之前是一样，只是在突破的时候拉出的阳线更大。在实战中如果股票众多，如果不是长阳线或者涨

停是很难复盘到的，把决战长阳的战法结合 BOLL 带一起来看就会变得容易一些。就是一个涨停突破上轨的实例。

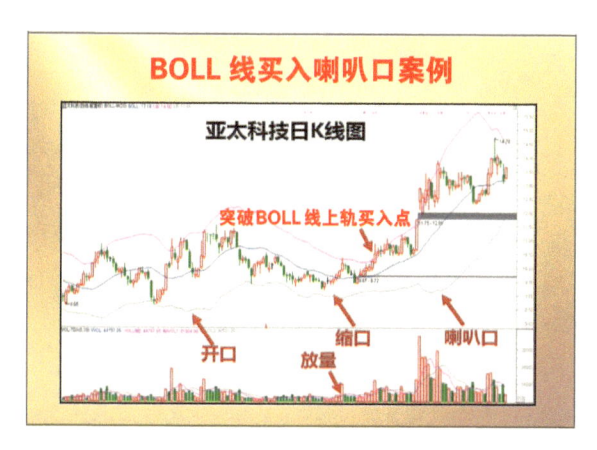

图 5-35　BOLL 线买入喇叭口案例（三）

BOLL 卖出喇叭口（图 5-36）是一个完全相反的卖出模型，在 BOLL 带逐步收口时，出现阴线跌破 BOLL 带的下轨，这是一个股价破位需要卖出的信号。

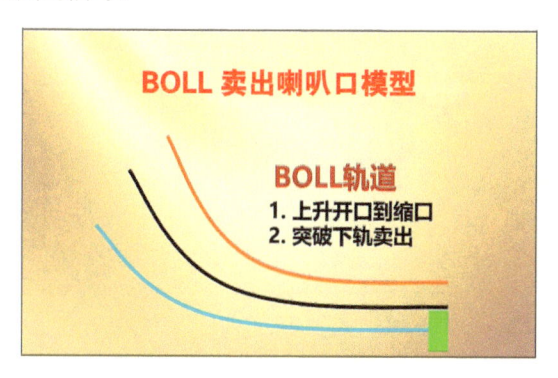

图 5-36　BOLL 卖出喇叭口模型

如图 5-37 所示，从 BOLL 带的开口状态到逐步的缩口，到了一个方向选择的时候，最后指数出现了长阴线跌破 BOLL 带下轨的走势，这时候就是卖出离场信号。尤其对于指数这种少数资金不能左右走势的品种来说，一旦形成趋势就会有一定的惯性，而跌破喇叭口后指数在一段时间内很难立刻反转，所以会持续下跌一段时间。

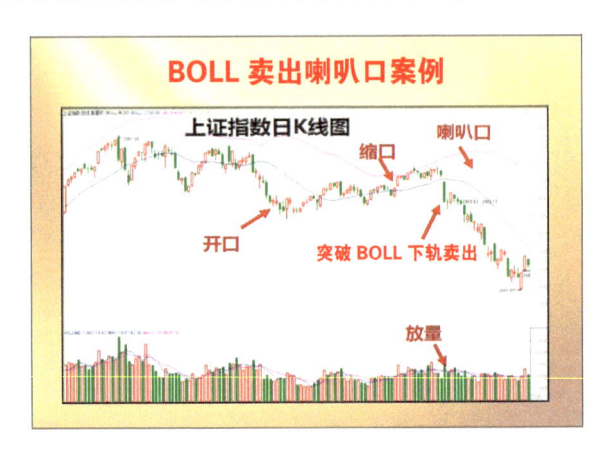

图 5-37　BOLL 卖出喇叭口案例（一）

图 5-38 也是 BOLL 卖出喇叭口的案例，股价运行由开口逐步缩口，最后没有突破上轨而是向下跌破了下轨，这就是卖出的时机。在跌破下轨的时候还带有成交量，下跌带有成交量通常表示还有继续杀跌的动能。该案例其后股价也出现连续下挫。

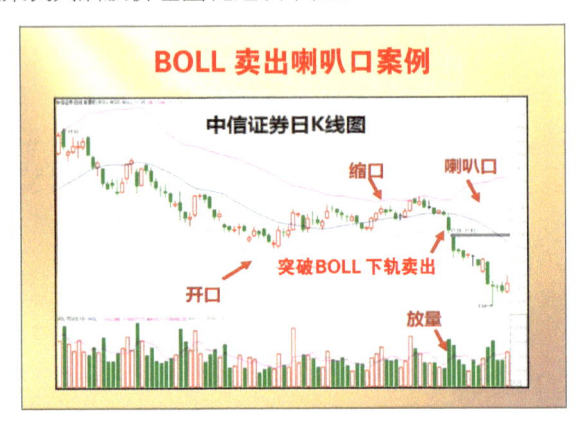

图 5-38　BOLL 卖出喇叭口案例（二）

BOLL 卖出喇叭口的应用中偶尔会出现在收口后跌破下轨，但很快又回到下轨上方，并没有影响原本的走势。因此，要判断跌破下轨卖出的信号，这根阴线必须有一定的力度和长度，而不是一根星线。假如是长阴线下破，则更有说服力（图 5-39）。

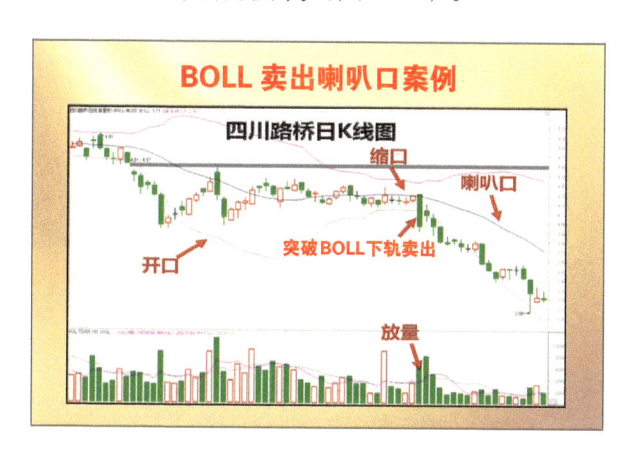

图 5-39　BOLL 卖出喇叭口案例（三）

图 5-40 是一个长阴线下破 BOLL 带下轨的例子。从决战长阳的逻辑来说，长阴线是股价由强转弱的标志，在长阴线出现后，如果在短时间内没有实现反转，则股价将转为颓势。因此，从本质上来说，无论是任何模型或者任何指标，在实际的应用中都须利用到长阳线和长阴线来作为趋势的判断，这是决战长阳实战体系的根本。

RSI 指标的应用主要是看股价运行趋势和 RSI 指标的背离情况，因此就会分为底背离和顶背离。

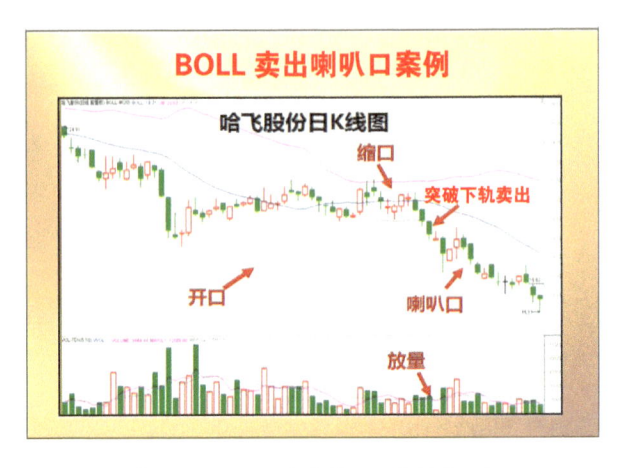

图 5-40 BOLL 卖出喇叭口案例（四）

RSI 底背离模型（图 5-41）是指股价在逐步地下滑，但 RSI 指标在逐步地上行，形成了一定的背离。这个时候是买入的阶段。

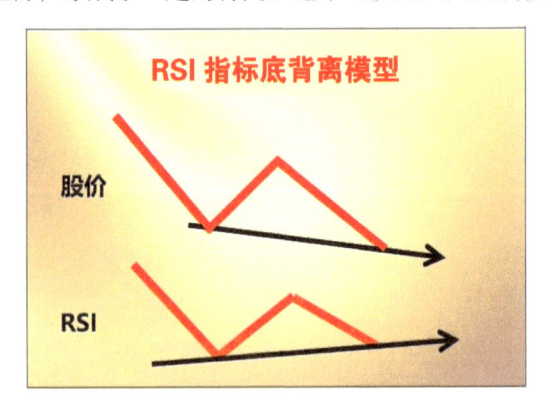

图 5-41 RSI 底背离模型

如图 5-42 所示，在指数不断逐步下行的时候，RSI 指标却逐步向上，形成了股价和 RSI 的背离。这说明指数后期有较为强烈的上涨预期。当 RSI 出现"金叉"的时候，也是指数出现转折向上上涨的时候。

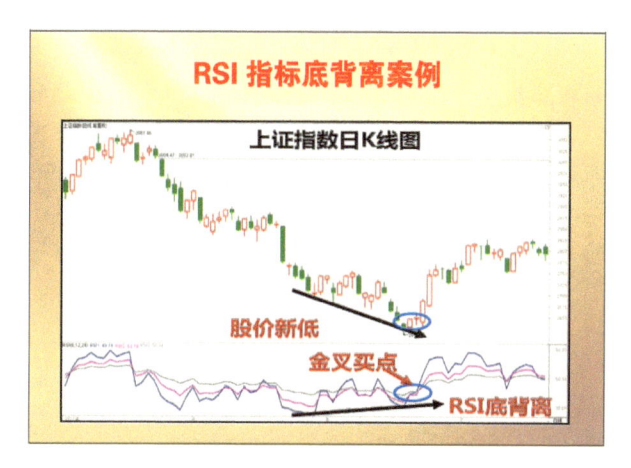

图 5-42　RSI 底背离案例（一）

在个股上应用 RSI 底背离是同一个道理（图 5-43），股价在调整或整理的时候，RSI 指标开始逐步向上，形成了一个底背离。底背离相对来说是一个底部阶段，且已经反映出股价有上涨的欲望，因此在出现底背离后，可以考虑逐步低吸布局。

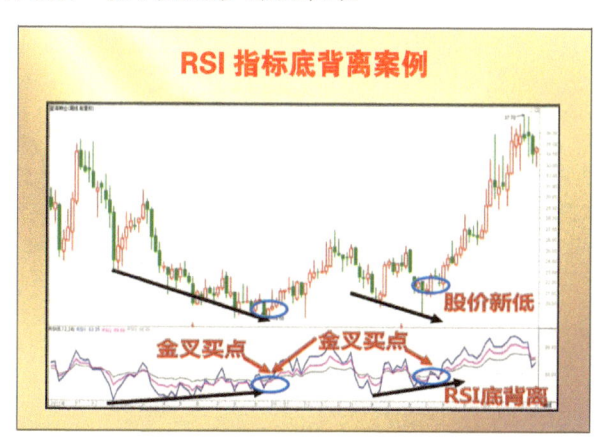

图 5-43　RSI 底背离案例（二）

RSI 底背离是一种买入区间的提醒，但是如何把握买点还具有一定的不确定性，同时由于股价还在盘整和整理中，无法得知股价何时开始止跌企稳进入反弹的节奏。这个时候可以更多利用决战长阳的战法，关注什么时候能够出长阳线，这是决定具体买点的方法。股票操作是一个系统，不是单独用一个指标就可以解决问题的，而是要多指标多战法并且从上而下研究最终做出买卖的决定（图5-44）。

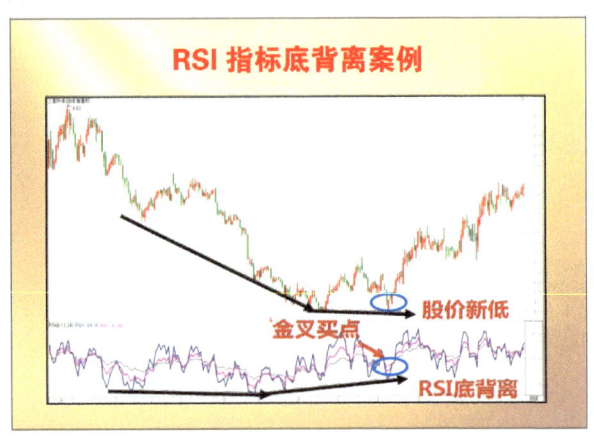

图5-44　RSI底背离案例（三）

RSI顶背离模型（图5-45）很好理解，顶背离就是股价还在逐步上涨中，RSI指标却逐步下降，反弹的高点越来越低，形成了股价趋势和RSI指标的顶背离。这通常是卖出区域的到来。

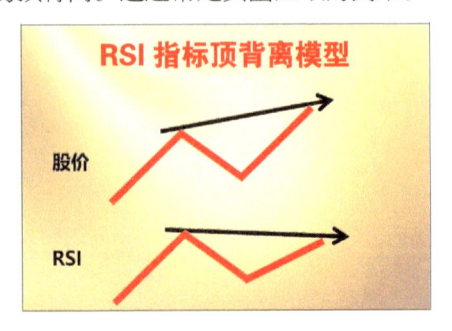

图5-45　RSI顶背离模型

如图 5-46 所示，股价还在逐步上行创下新高，但是从 RSI 来看并没有形成新的高点，比之前的高点还有所降低（说明指数强弱已经到了即将分化的时刻），最后出现一根长阴线导致破位，引发了上证指数一轮下跌。

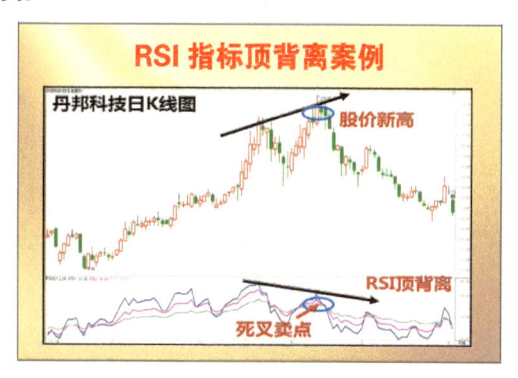

图 5-46 RSI 顶背离案例（一）

图 5-47 也是一个顶背离的形态，从理论上来说，股价在不断地上涨，但是 RSI 在回落（说明实际资金的强弱水平在下降，回落是迟早的事情）。顶背离提示即将到转折的时候，尤其是出现 RSI"死叉"的时候，一般就是股价掉头向下甚至加速下跌的时候。实际上"死叉"的出现会相对更滞后，所以在出现顶背离后股价可能随时变盘，这时候如果出现长阴线，就要考虑离场，不一定要等到 RSI"死叉"的出现。

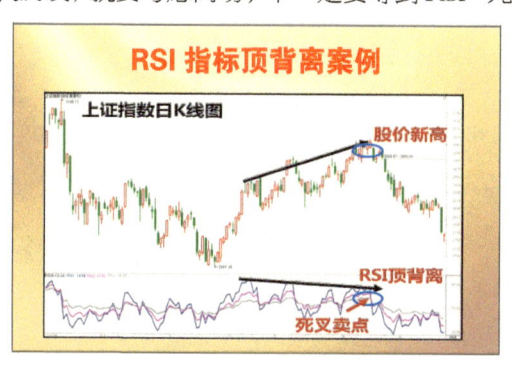

图 5-47 RSI 顶背离案例（二）

第六章 主题投资

高送转主题

A 股市场中，在某些节点总有一些题材是受到市场欢迎的，有的跟业绩有关，有的跟每年固定的会议有关，有的跟一些上市公司基本面发生的变化有关，总体说来，至少有四大方向是市场经常炒作的主题。

A 股中最喜欢炒作的主题大概分为高送转主题、政策主题、老树新花主题和并购重组主题（图 6-1）。

图 6-1 主题投资类型

高送转主题历来是市场喜好关注的主题之一，尤其是发布年报和一季报的时候。年报表示当年上市公司的业绩增长情况。一季报通常表示当年该公司业绩的开头情况，一季报大幅增长很容易得到大资金的青睐，毕竟市场会解读为当年的业绩都可能出现大幅增长。由于很多业绩大增的公司会提前发布预告，因此每年三四月都会是业绩披露的高峰期，都会得到市场更多的关注。高送转预期高或者送配方案优异的公司更容易得到市场和资金的认可，因此更有可能让股价得到上涨的机会。

随着中国证券市场越来越成熟，越来越鼓励高送转高分红，因此送配比重也越来越丰厚，几乎每年都有高送转个股得到资金炒作的机会。如果是高送转，在除权后股价大幅回落，市场还有填权的想象空间，所以每年高送转都会得到投资者的关注（图6-2）。

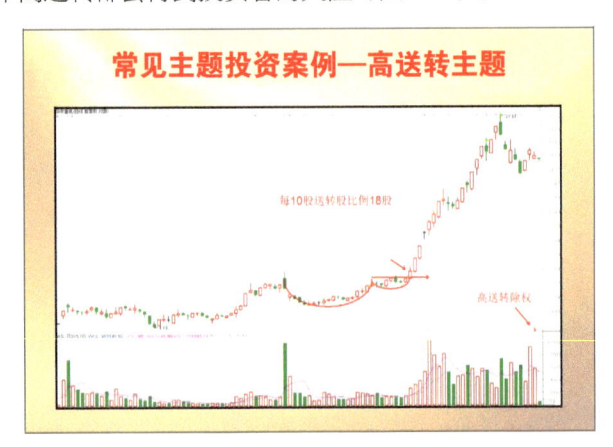

图6-2 高送转主题案例

高分红是将企业的利润进行了分配，而高送转只是增加了股本，并没有改变上市公司的基本面（因为除权让股价出现大幅回落，有"更便宜"的错觉）。本质上还是市场在期待上市公司高送转后可以继续上涨填权，这样在拥有了更多股本的情况下能够获得更多的收益，这才是市场追捧的原因（图6-3）。

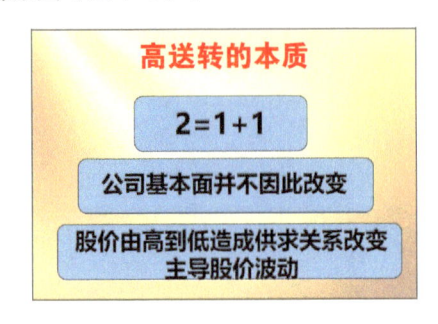

图6-3 高送转主题本质

具备高送转或者高分红的公司一般具有以下特征（图6-4）：股本都比较小，全流通盘股本不大，有扩大股本的空间和需求，股价较高，可以适应除权后股价的回落，对于带有高分红预期的上市公司，往往未分配利润是比较多的，在进行分配前一般业绩也比较好，这样市场的期待值会更高，甚至在公布分配方案前就有可能提前上涨。

高送转潜力股基本面特征	
股本	流通股本在1亿元以下更佳
公积金	每股公积金在1.5元以上更佳
未分配利润	每股未分配利润在1元以上更佳
每股收益	每股收益在0.5元以上更佳

图6-4 高送转个股特征

炒作高送转题材一般是越早越好，而且根据上市公司的预披露来看，越早披露越容易得到市场的追捧。送转方案大多是10股送10股以上，甚至除了送股还带有分红，这种方案更容易得到投资者的青睐。在那个时间段上市公司又在当时炒作的题材热度上，就会形成借东风的推动力，更容易导致股价短期的炒作上涨（图6-5）。

高送转股炒作力度评估	
送转预案公布时间	越早越好
送转比例	越大越好
叠加因素	与其他热点叠加则潜力更大

图6-5 高送转力度评估

如图 6-6 所示，万邦达在上市不久年报推出了每 10 股送转 20 股的高比例分红方案，同时市场对环保题材有一定的炒作，叠加这两个因素，万邦达股价从不足 20 元迅速上涨到 50 元左右，较短时间股价实现了翻番。

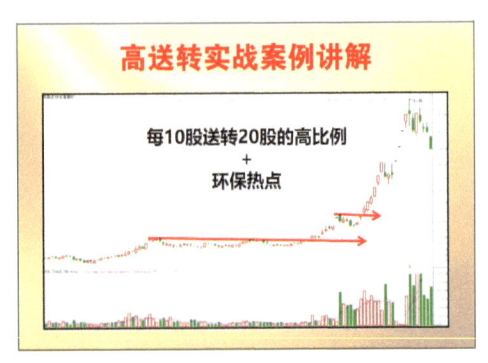

图 6-6　高送转案例（一）

如图 6-7 所示，文峰股份在年报推出了每 10 股送转 15 股的方案，恰逢市场借机炒作徐翔概念股，使得该股从不足 10 元迅速上涨到 20 元以上，也是短时间翻倍。近年来，管理层对于上市公司多鼓励现金分红，对高送转的炒作略有降温，但在行情较好的时候，高送转题材总是受到市场的关注。另外，在中报中也有一些上市公司会披露送配方案，但中报炒作的力度通常要弱于年报。

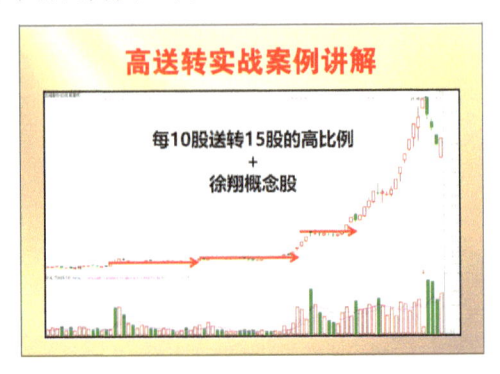

图 6-7　高送转案例（二）

政策主题

政策主题相对高送转比较多样，比如有国家对于某个行业的扶持，对某个区域的统筹规划，这都是政策性的主题倾向，同时每年固定的两会召开引发的行业热点，这都是政策性主题。在中国股市进行投资，必须按照自上而下的逻辑，这就需要对各种政策进行解读。

如图 6-8 所示，上港集团出现的短期内股价大涨便源自国家对于成立中国（上海）自贸试验区的一个区域规划政策，可见政策的解读是多么的重要，而政策引起的投资主体是必须要去分析跟踪的。

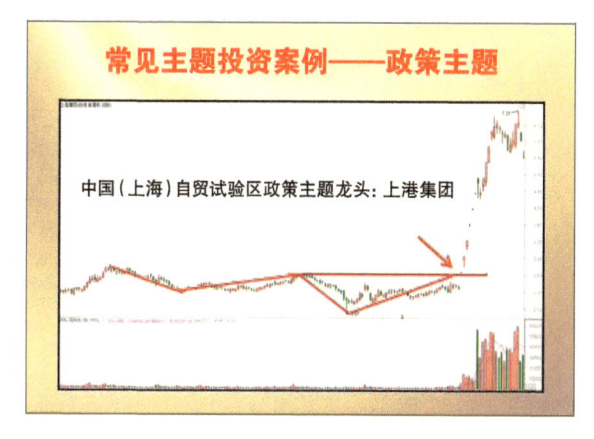

图 6-8　政策主题案例

对于政策主题炒作的延续性，需要从三个维度来加以分析（图 6-9）：第一，政策影响是否重大，看一政策性主题的炒作延续性，就要看对于相关行业是不是重大的长久性的影响，如设立自贸区、碳达峰碳中和等，这些政策都不会只是短时间的影响，因此更容易受到市场的关注；第二，如果政策主题是新颖的，那么市场更加中意这种政策主题，如统一大市场概念；第三，一个政策主题出来后，必须分析相关受益的行业或者上市公司,谁能够更直接受益,甚至业绩将会得到质的飞跃。这三个维度都是考量政策主题炒作能够延续多长时间的关键。

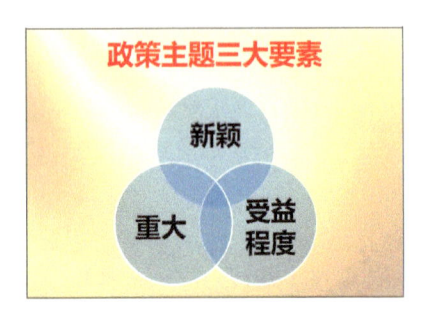

图 6-9　政策主题要素

如图 6-10 所示,在国家宣布成立中国(上海)自贸试验区的时候,首先可以判断是一个当年首次提出,并且是国家战略层面的政策。上海本地股首先直接受益,上港集团和陆家嘴在当年因为政策主题而得到了一波较大的炒作。

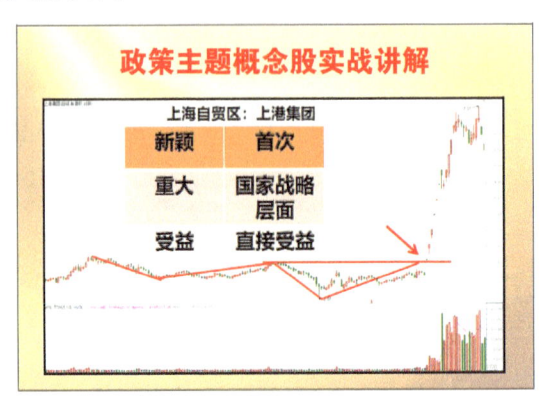

图 6-10　政策主题概念案例(一)

在国家提出互联网计算机行业国产替代化的规划后,去 IOE 就成为市场的政策主题,自上而下的传导会让整个互联网公司以及智慧政务等行业都会选择国产替代。国产软件的老牌上市公司浪潮软件和浪潮信息在当年最新提出这个概念后得到了市场的追捧，股价都在短期内出现了较大幅度的上涨（图6-11和图6-12）。

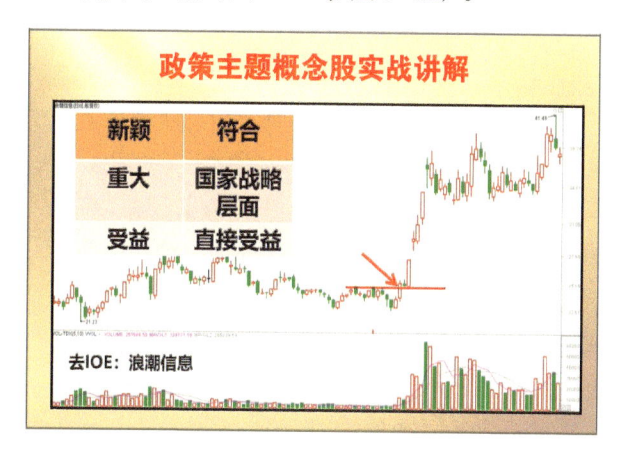

图6-11　政策主题概念案例（二）

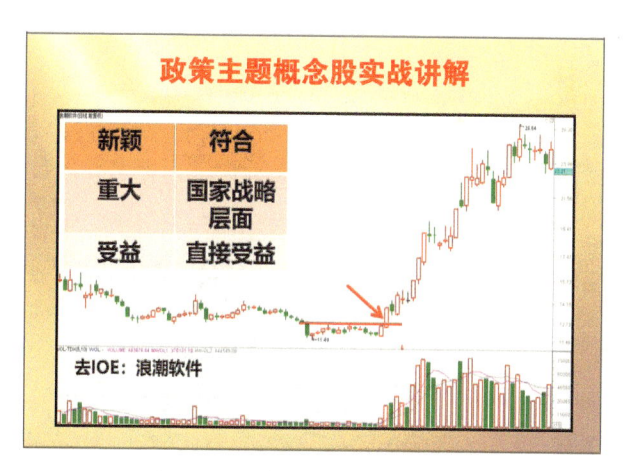

图6-12　政策主题概念案例（三）

老树新花政策

上市公司在运营中常会调整自己的产业政策，比如转向做另一个更具有发展潜力的行业，或公司产品有了新的突破甚至打开了新的蓝海，这都会让上市公司焕发新的光彩，这也会让市场投以更多的关注。比如，九阳股份在市场有关于胶囊豆浆机的传闻后，市场认为此举可能提升公司的市场占有率，甚至能够形成新的产品导向，使得公司在细分行业更具备实力，从而对公司进行了追捧，尽管公司本身业绩无任何不良的地方，但是公司产品的突破让公司重新焕发了活力（图6-13）。

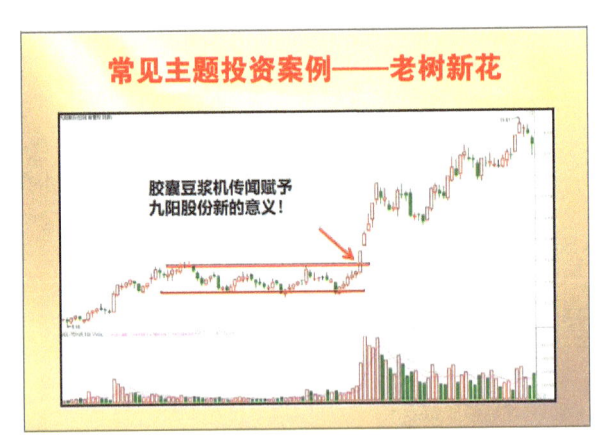

图 6-13 老树新花政策案例

如图 6-14 所示，青岛双星股价曾经也是以横盘为主，虽然双星轮胎是国内的老品牌，但是并没有新的题材能够刺激到市场，能够让主力有炒作的题材契机，直到公司开始宣布利用自身零配件优势开始涉足汽车售后服务市场，那么从一个传统的轮胎企业增加了汽车服务以及零配件概念，摆脱了单纯的轮胎概念，上市公司被赋予了新的概念，也正是这种老树开出新花的变化，让公司的股价短期内出现了较大幅度的上涨。

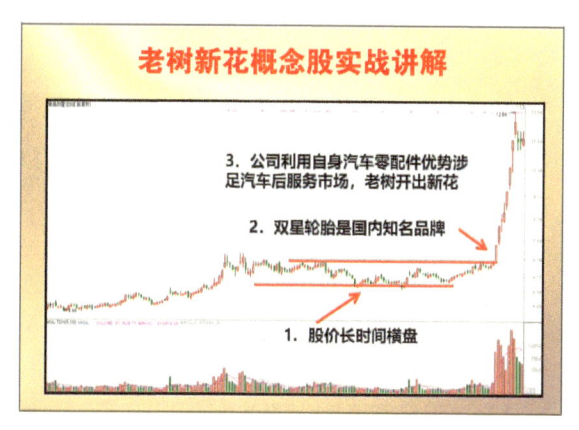

图 6-14　老树新花主题案例（一）

金固股份（图 6-15）也是由单纯的钢制车胎厂商变成了新增汽车售后市场服务，同样出现了短期内的大涨。这些老树新花的上市公司在之前都存在股价整理或者相对比较弱的走势，这样主力也愿意去炒作，假如公布前股价已经大涨过，那就要注意是否提前炒作完毕，要提防利好出尽是利空了。

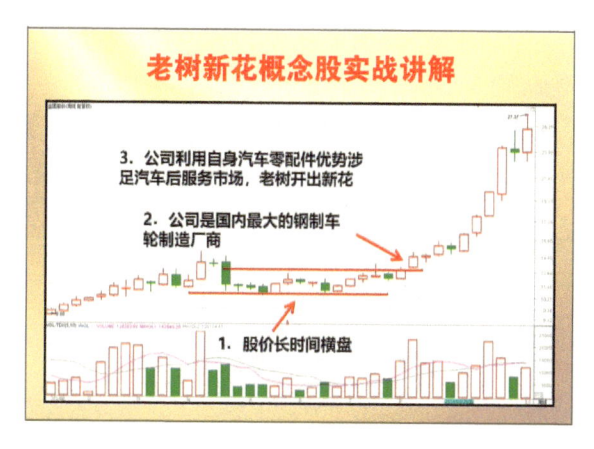

图 6-15　老树新花主题案例（二）

海信电器（图6-16）上市时间较长，股价也在很长一段时间内保持弱势的横盘整理状态。随着时代的发展，海信率先开始制造智能电视，跟随时代的潮流，摆脱了白电低价低利润率的特点，加上已有的品牌积累效应，使得市场资金重新开始关注海信电器，也使得其股价出现一轮上涨。上市公司的这种老树新花还需要注意是否构成主业的彻底更换，有的上市公司甚至会逐步将主业全部更新到一个新的行业，同样也会引发市场的关注。但近些年上市公司不断增多，各个产业细分产业链几乎都有上市公司，因此这种大幅度转向的事情在没有亏损的上市公司中是比较少的。

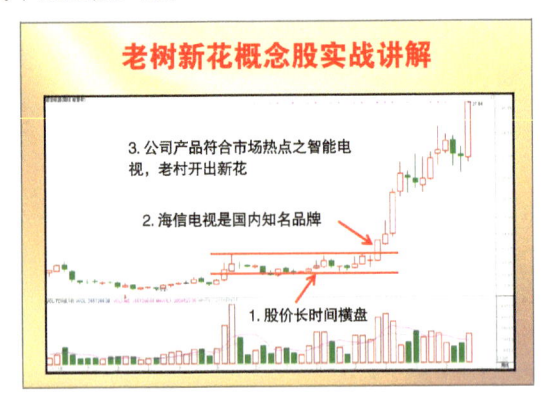

图6-16　老树新花主题案例（三）

并购重组题材

并购重组也是中国股市最喜欢的主题之一,有的是上市公司大幅度变相转为新的行业,有的是通过重组改换门庭,直接重组或者变更了实际控制人,有的是已经亏损或者 ST,通过重组实现了保壳或者彻底反转。无论如何,对重组 A 股总是充满了期待,也有一些成功案例。如图 6-17 所示,一个以木业为主的上市公司,当宣布转身去做游戏的时候,让市场找到了炒作的理由,在短时间内实现了股价的大幅上涨。

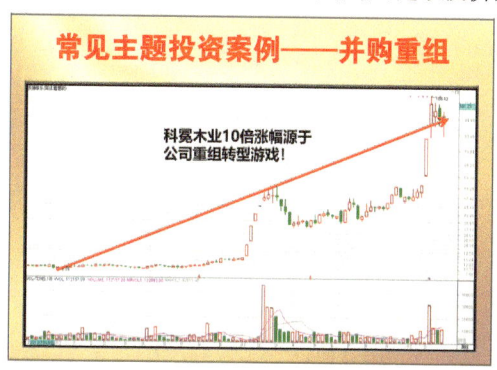

图 6-17 并购重组主题案例

对于 A 股而言,重组的对象越热门越好(图 6-18),比如重组的行业有矿,或跟白酒有关或跟游戏互联网有关等等,近些年还跟锂矿、新能源等有关,都比较容易受到市场的追捧。

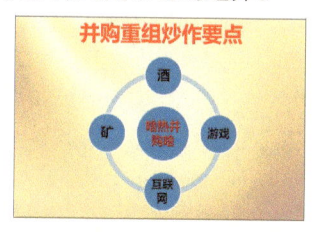

图 6-18 并购重组炒作要点

例如，大元股份（图6-19）在2010年重组黄金资产的时候，短时间内股价就翻了1倍以上。

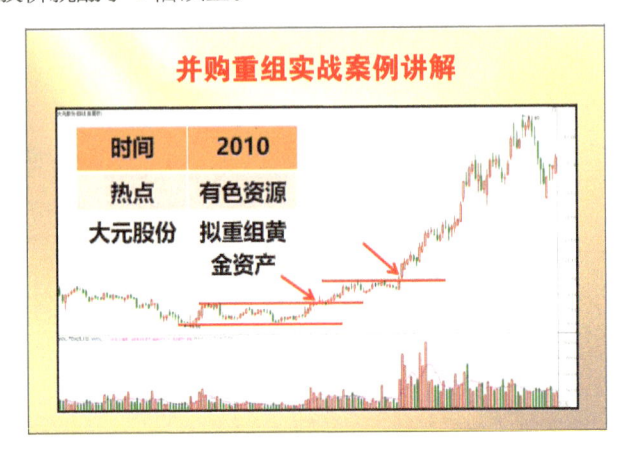

图6-19 并购重组主题案例（一）

包钢股份（图6-20）在2011年注入稀土资产的时候，股价短期就从不到2元上涨到了4元以上。

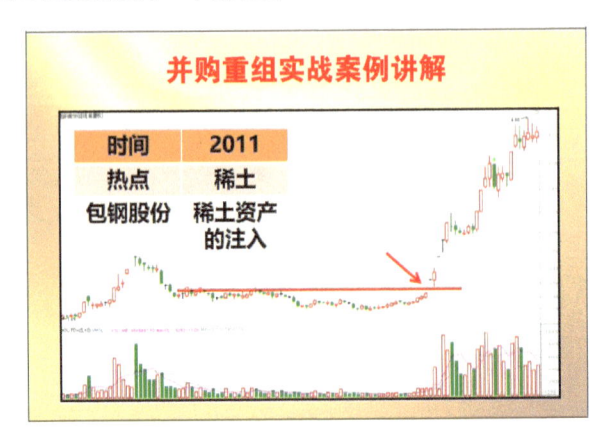

图6-20 并购重组主题案例（二）

在 2012 年凯乐科技（图 6-21）拟收购黄山头酒的消息出来后，市场迅速进行了炒作，短期股价从 5 元涨到了 13 元。

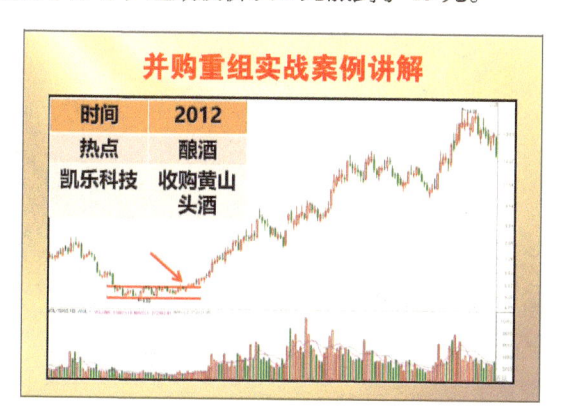

图 6-21 并购重组主题案例（三）

需要注意的是，上述很多例子都是在注册制实施之前，同时市场的容量也没有那么大，上市公司的数量也不多。随着近些年股市不断扩容，从中小板到创业板，从科创板到北交所，上市公司的数量不断增加，对于壳资源的需求大幅度减少。更重要的是随着注册制的实施到全面铺开，资产重组的必要性都在管理层的关注范围内。因此，近些年利用重组进行炒作的现象已经大为减少。上述很多重组案例最终没有给上市公司带来质变，大部分业绩没有得到根本变化，因此近些年对于重组概念的炒作有所降温，也不再随意地一直停牌，利用重组进行大肆炒作变少，这是市场进步的表现。

基金投资

在房地产失去投资属性后,对于中国人来说投资渠道进一步收窄,疫情的出现导致全球的货币政策保持了放水状态,全球出现不小的通货膨胀。中国采取措施保持了市场的流动性,对比发达国家,近几年我国的 CPI 涨幅并不是很大,但居民的感受是除了收入都在涨价,这加大了居民的投资理财欲望。

利用了居民理财的迫切心理,市场出现了很多诈骗性质的"理财产品",如原油、外汇、三板、影视等,加上更早的 P2P,投资者遭遇损失的根本原因是对理财的渴望。近些年中国全面宣传反诈等,有效地遏制了各种非法的勾当。股市是最容易让人接受和参与人数最多的投资市场,投资者却因为投资经验不足或者专业能力有限,容易产生易亏损难盈利的情况。因此,越来越多的投资者开始倾向于购买基金转为寻求专业的资产管理者管理资产,以达到增值的目的。

投资基金与投资股市一样,其本身仍然是需要一定的专业能力,投资者的专业能力有限,经常出现误区,比如投资基金只看名气品牌,或者被某些第三方机构广告吸引,把"预期收益"当作实际收益,还有的就是被第三方代销机构忽悠,最终演化为被动选择基金的方式。

在投资的方式上也存在诸多误区,有的把基金当作定期存款,一次性投入就一直等待,有的采取"定投"方式,每个月固定时间进行同一基金的投资,这两种方式都有一定的局限性和不足。

实际上,基金投资仍是需要去解读政策和行业的变化,就以上两种方式而言,假如选择的基金方向在当年一直处于回调状态,那么第一种一次性投资可能在当年遭遇比较严重的回撤,如医药类基金或基建、地产类基金等,而如果一个行业在一年的整体表现都处于回落,那么每月定投不过是在不同的时间段进行了成本的降低,所有投入的资金都处于亏损状态,实际上资产还是要遭遇不小的回撤,并且持有的信心会受到很大冲击。

对于基金投资来说,也需要做到自上而下的投资方法,首先要关注国家政策的变化,对重要会议以及对于行业影响比较深远的产业政策都要有所研读,这样才能知道国家对于哪些产业采取的扶持政策,而对于哪些产业采取限制发展的策略。

例如,前几年对新能源汽车的扶持非常清晰,那么以新能源汽车为配置核心的基金必定会有更大的表现机会,这样的基金才适合去做定投,所以基金投资不只是投资方式的不同,还需要投资逻辑的确定。基金"小白"一定要关注下面六个建议。

(1)对于流动性要求比较高,要求一个交易日内能够随时变现的投资者,可以选择货币型基金。这类基金下跌风险很小,但收益相对也较少,大多维持在 2%~3%,很多社交软件中的灵活理财产品基本就是货币型基金。这类基金的优点是随时存取,收益高于活期利息,风险小。

(2)对于风险偏好比较小,不能承受较大风险以及资金量相对较小的投资者,不妨更多考虑固收型的基金。这类基金大多配置以国债为主的标的,有的也会配置部分的股票,根据可以配置股票的比例区分该基金的风险程度,大多配置的比例控制在 20% 左右。这类基金风险相对较小,收益要高于货币基金(3%~4%),风险也较小,但是需要一定的持有周期才有更多的收益表现。

(3)对于基金的选择,不要只是看品牌,更要看该基金的基金经理。要看以下两个方面:一是该基金经理之前所有基金的历史业绩是否稳定;二是基金经理的从业时间,一般来说,从业经历 5 年以内的基金经理风格尚未完全固定,容易更换自己的理念或者在赛道的变化和标的上变化较快,从业较长的基金经理已经形成了自己的投资风格和偏好,相对更为稳定。

(4)不要把基金当作股票。基金不同于股票,大部分需要持有一定的时间才能有较为明显的收益。同时,基金的申购和赎回都需要时间确认,并且还有一定的申购赎回费用等。因此,忌讳把基金投资当作股票来炒作，变成几日或者十几日的短线频繁更换。从统计数据来看，持有时间较长的投资者收益要远超经常频繁更换基金的投资者。

（5）基金投资的选择是投资者本人。投资者需要尊重自己的选择，更多地去了解国家的政策变化，一定要自上而下地选择——从政策变化到产业政策扶持再到基金的选择，然后采取定投方式。

（6）基金定投。固定时间投入是一种方式，但是比较机械，更好的方式是跟随净值定投，例如净值每下跌一个幅度就继续投入，而上涨超过某个幅度就选择赎回追加的部分。这个幅度一般为10%甚至更大，否则几日波动就会造成频繁买卖，导致交易成本过高。